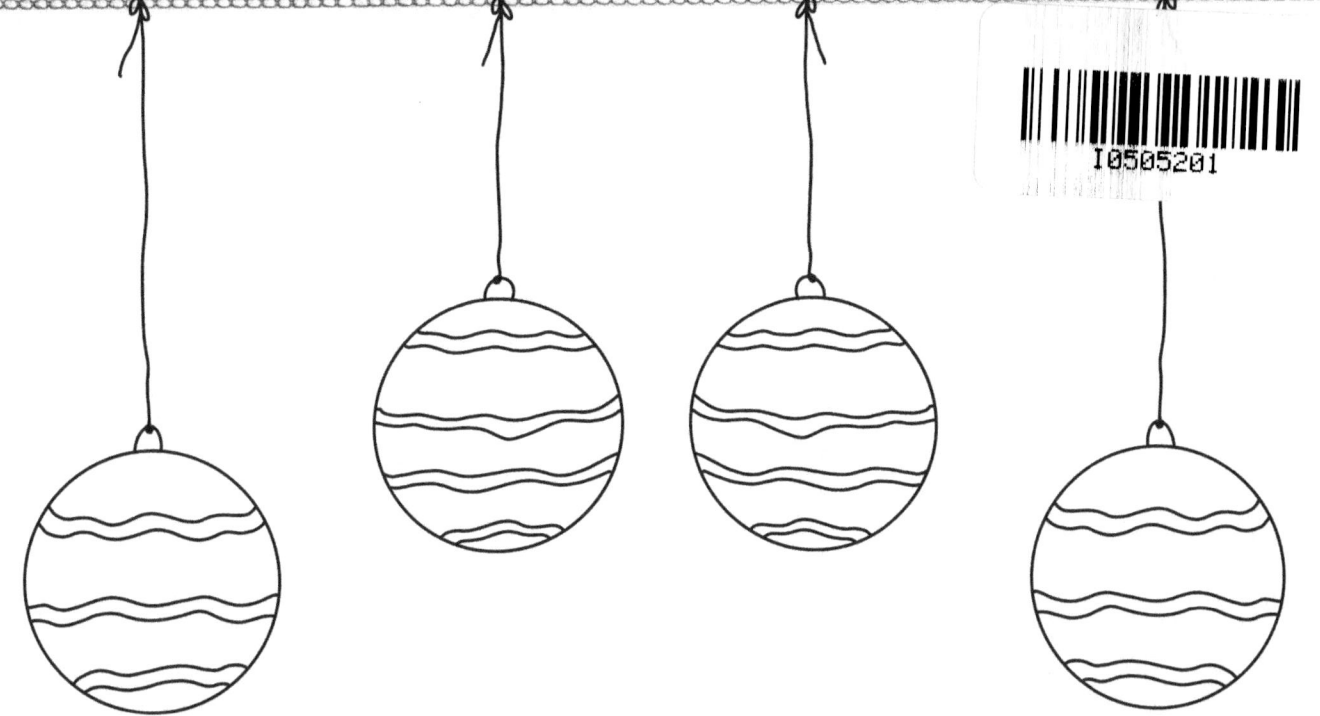

Bienvenido al invierno con 'Cabañas Nevadas', donde la magia cobra vida a través de tus colores.

Volumen 1

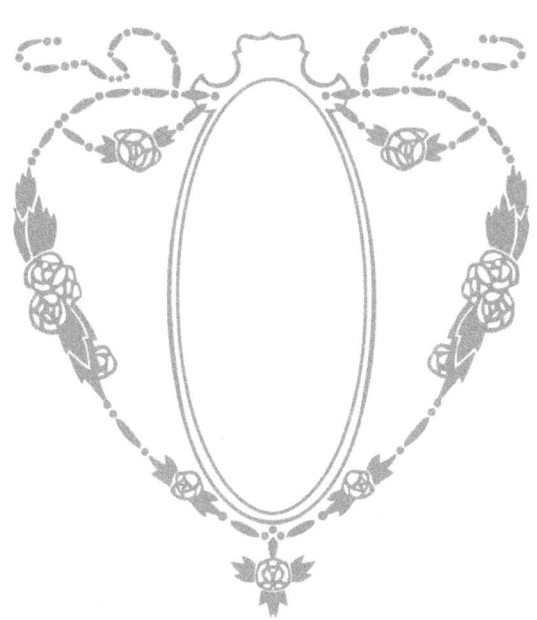

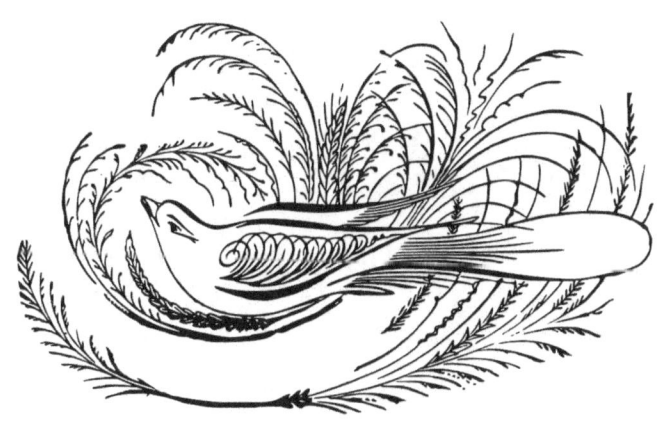

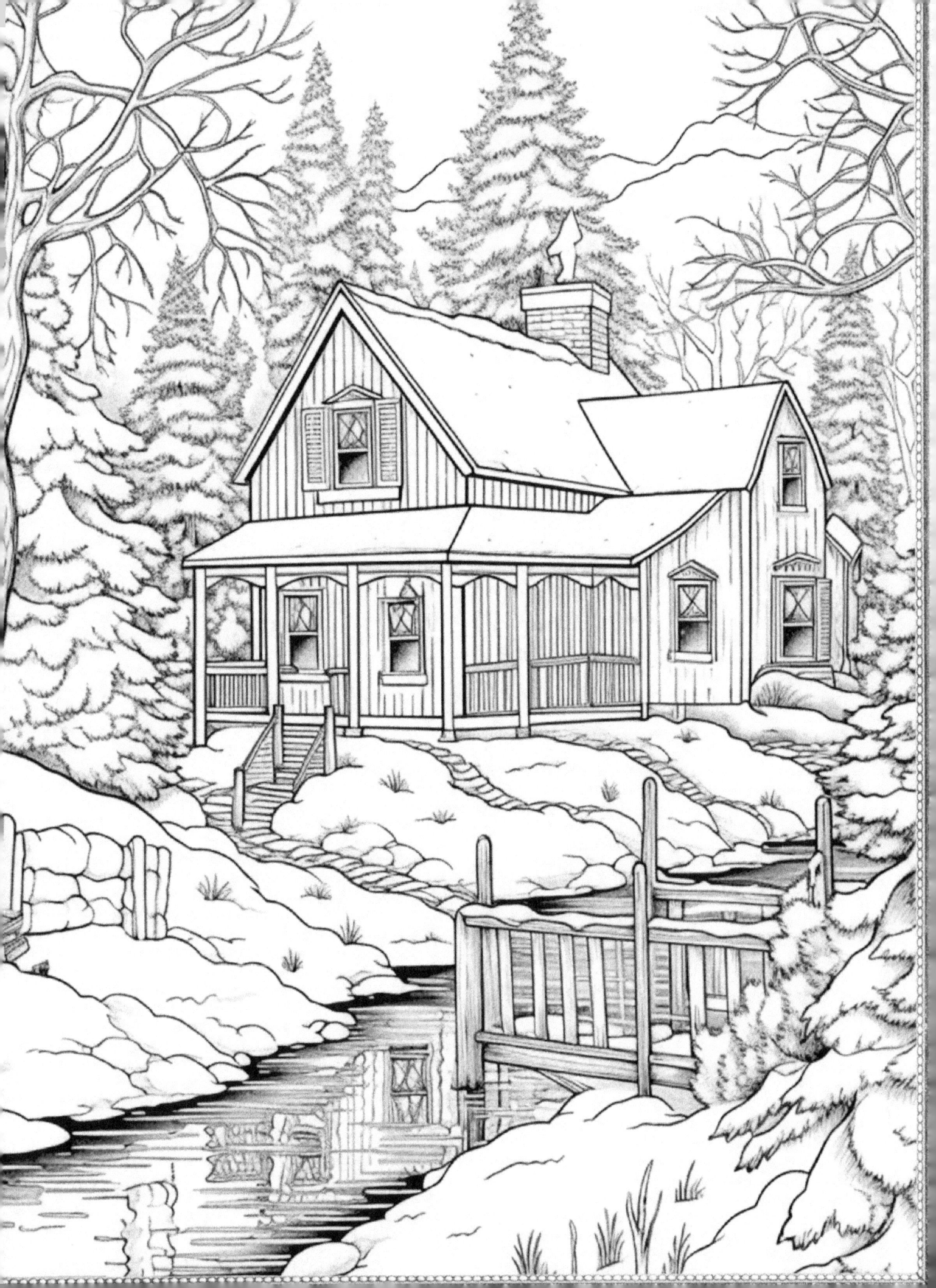

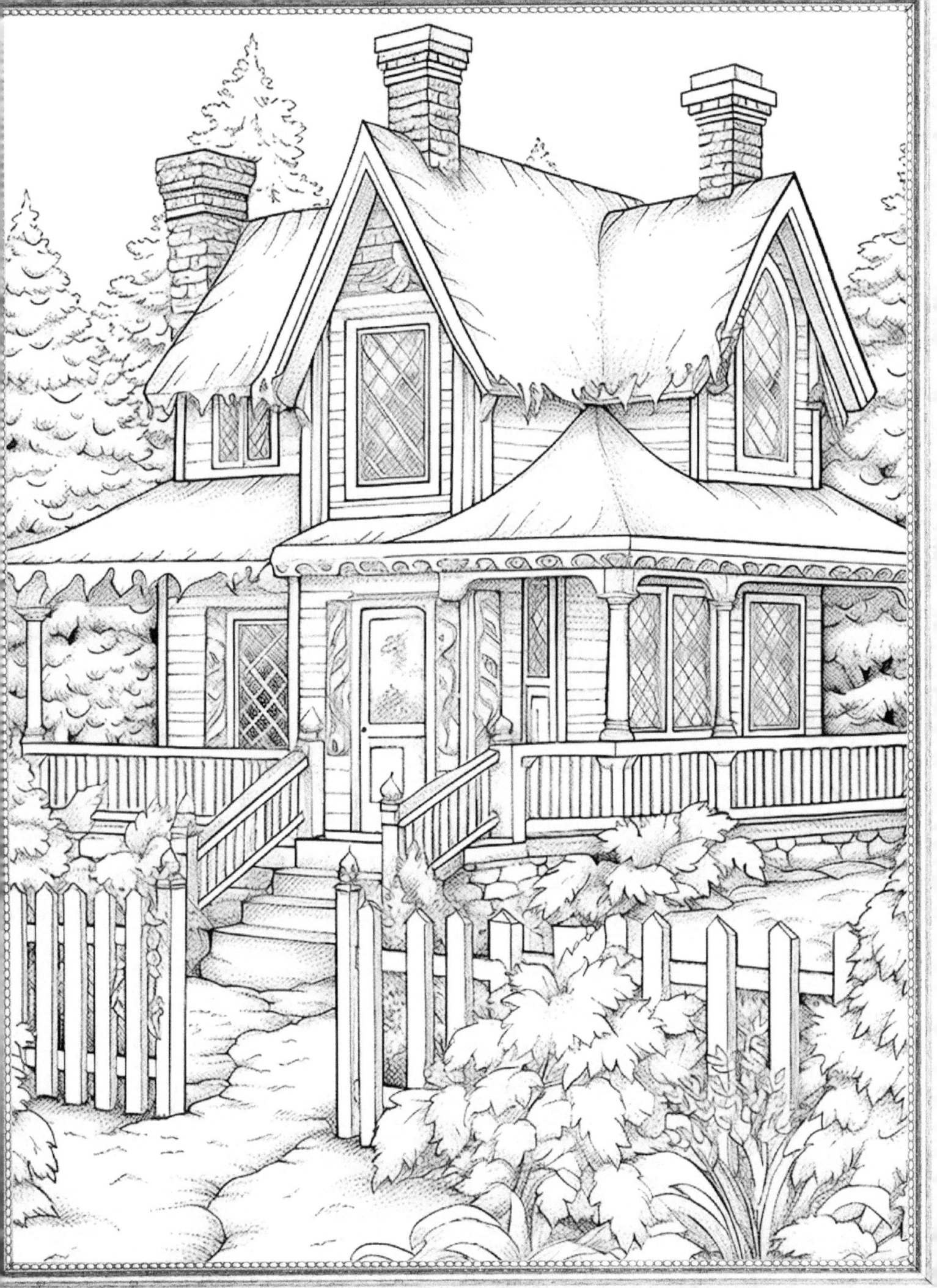

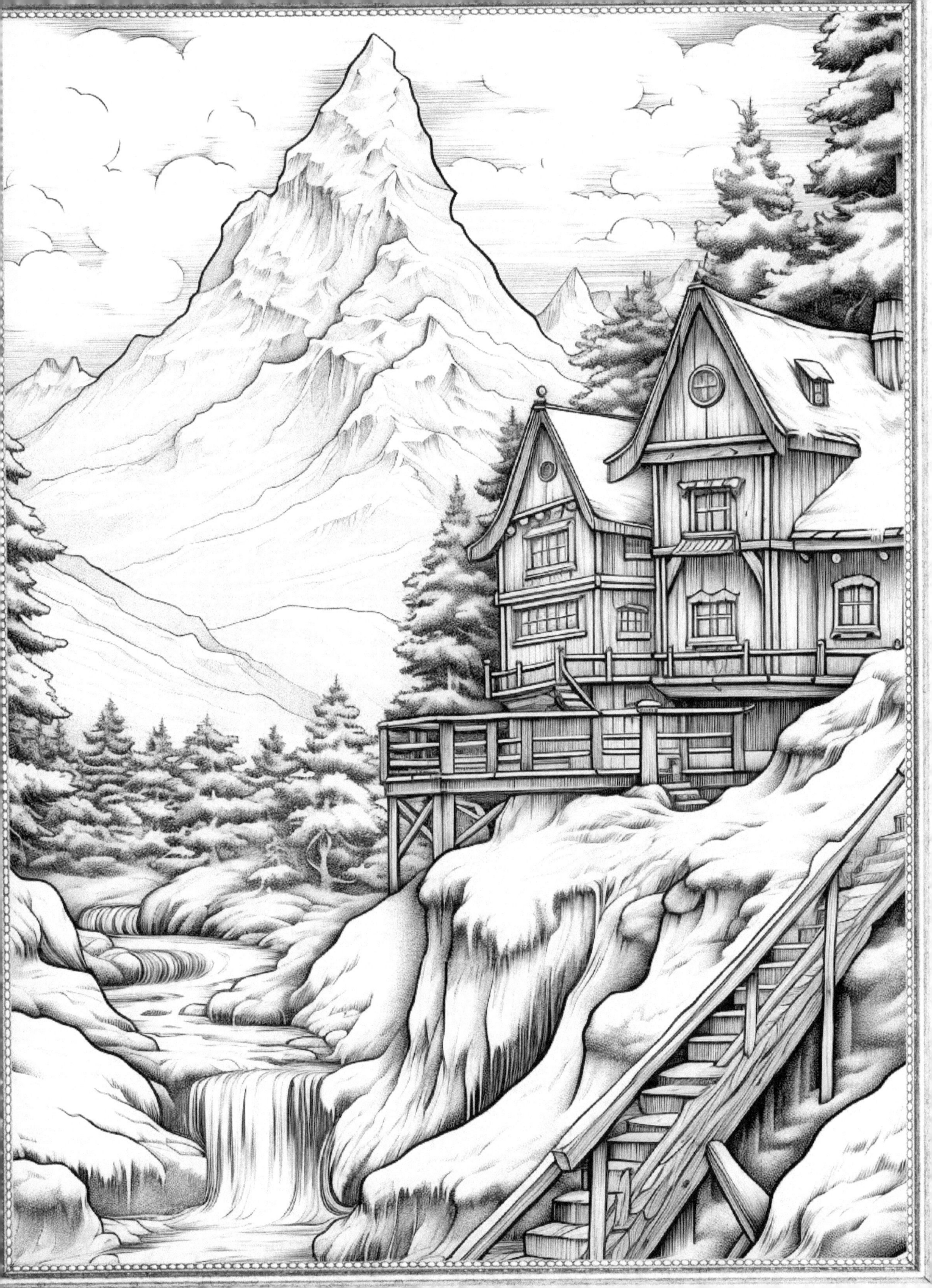

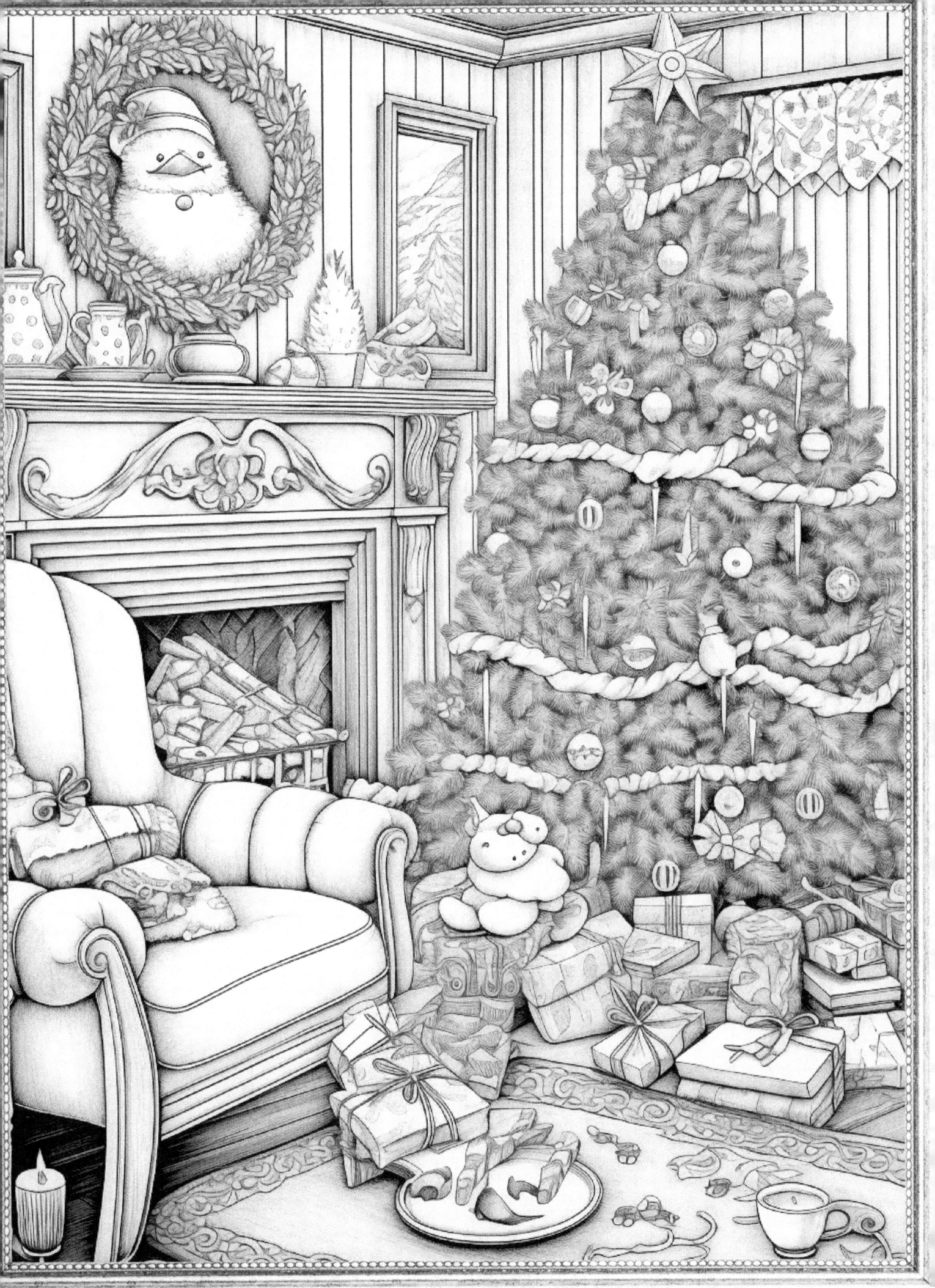

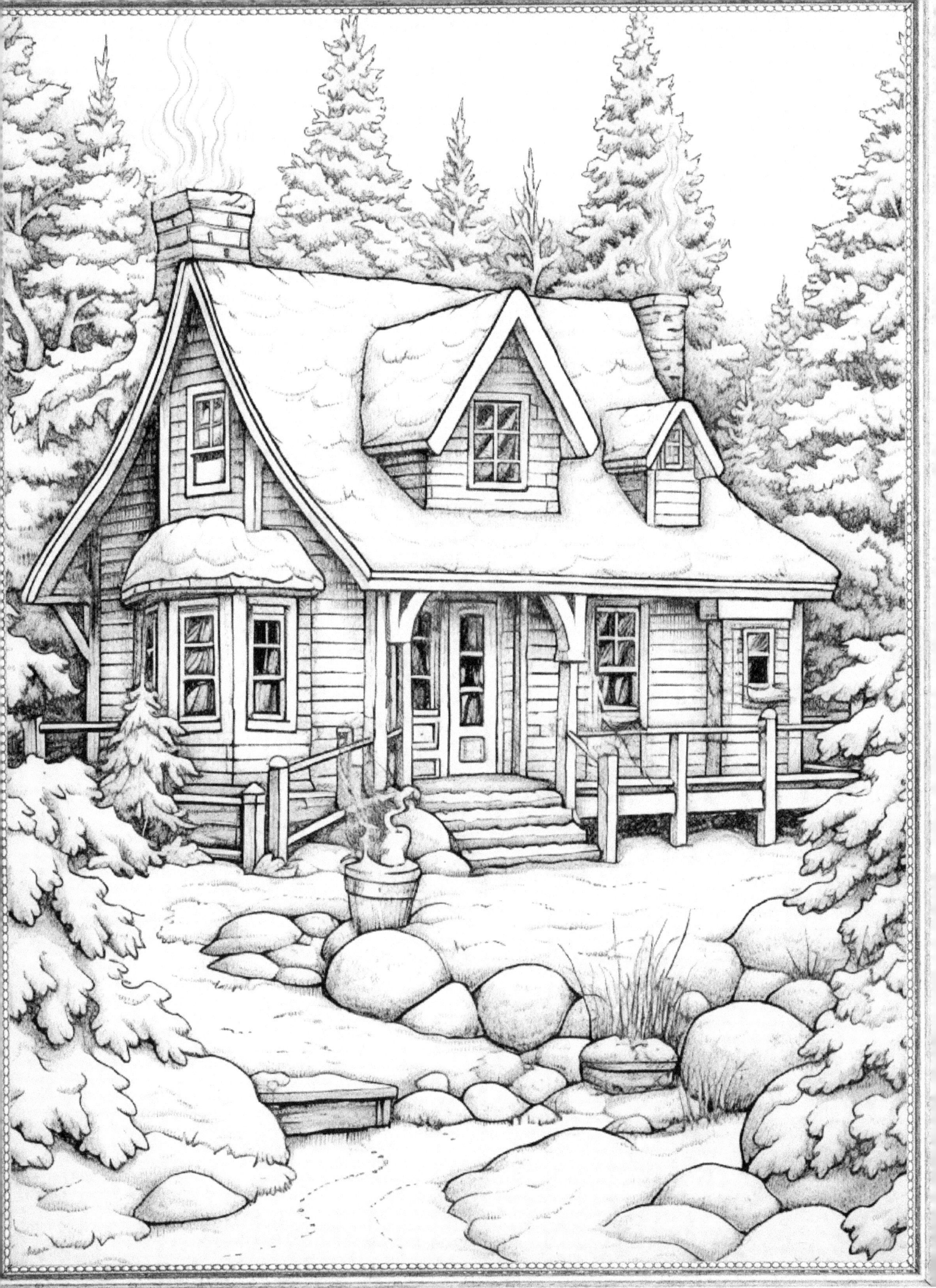

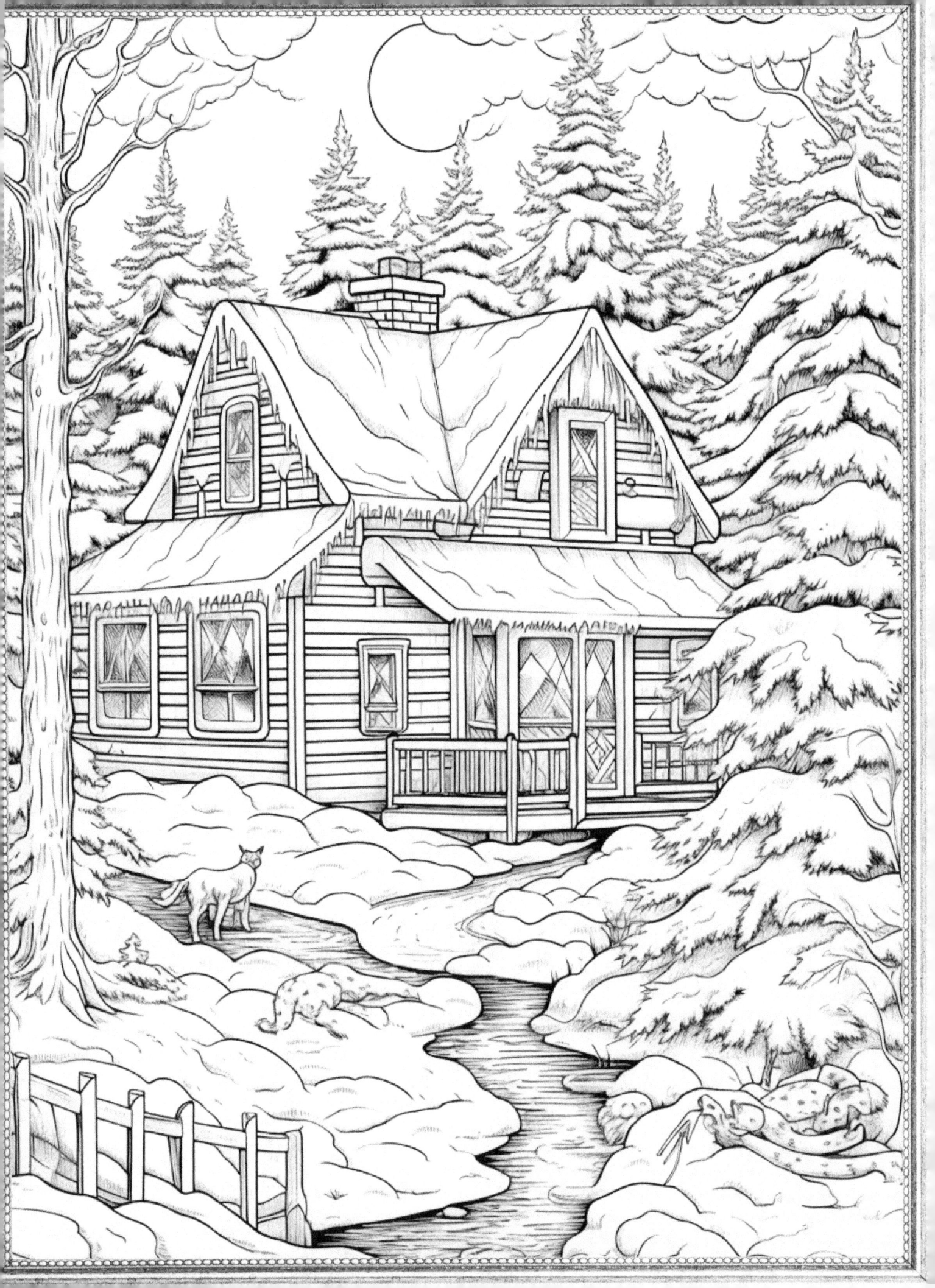

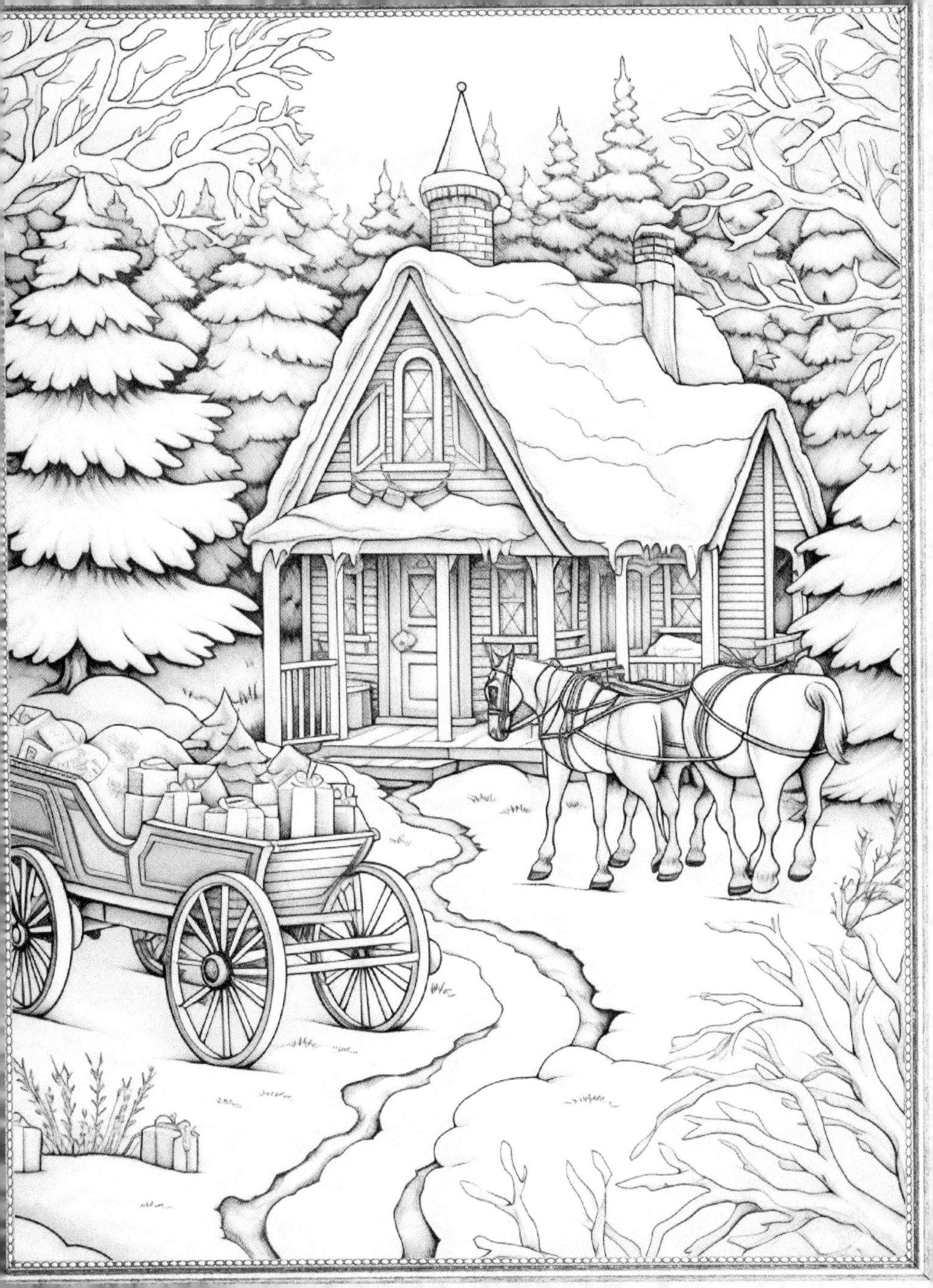

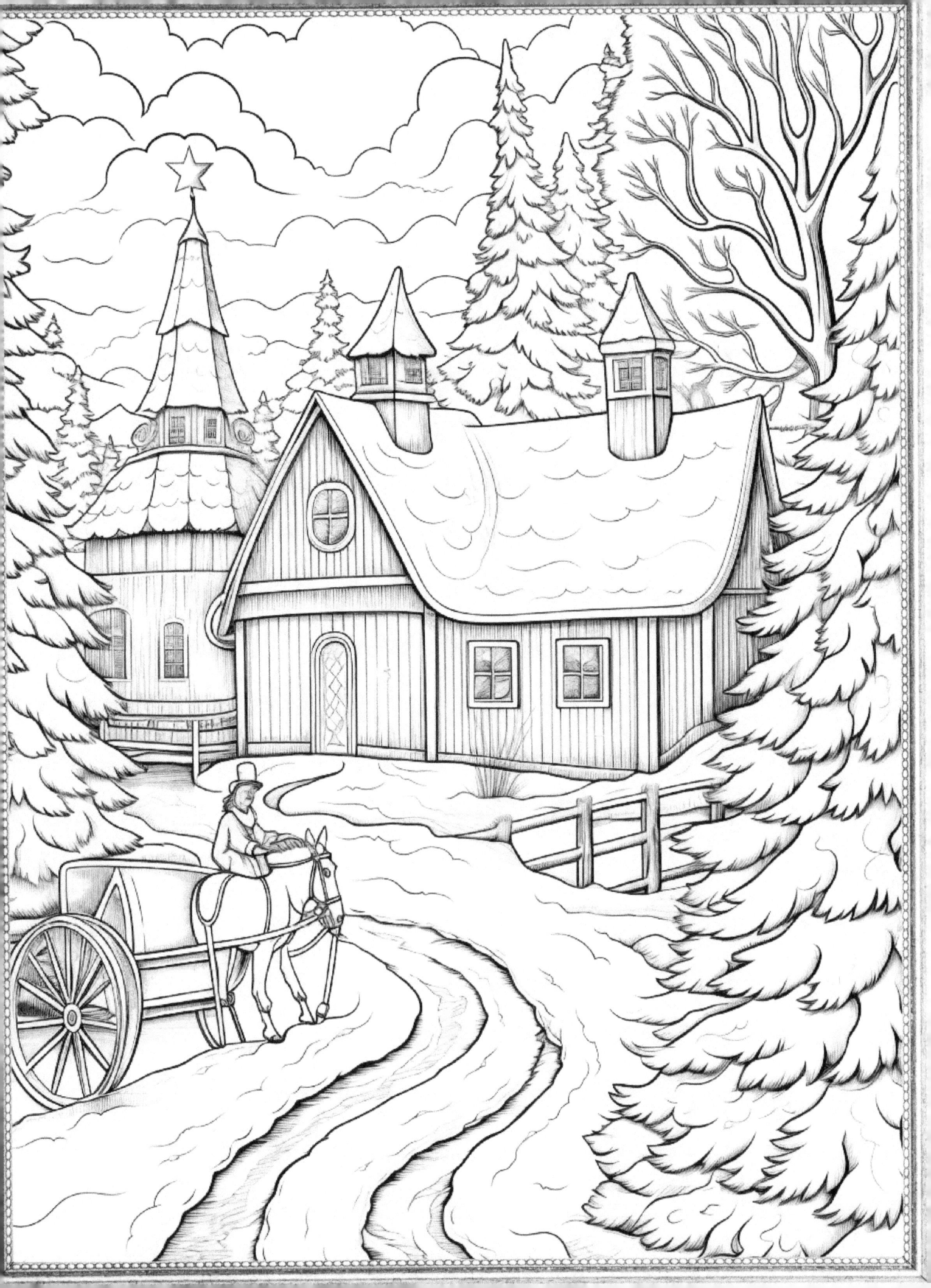

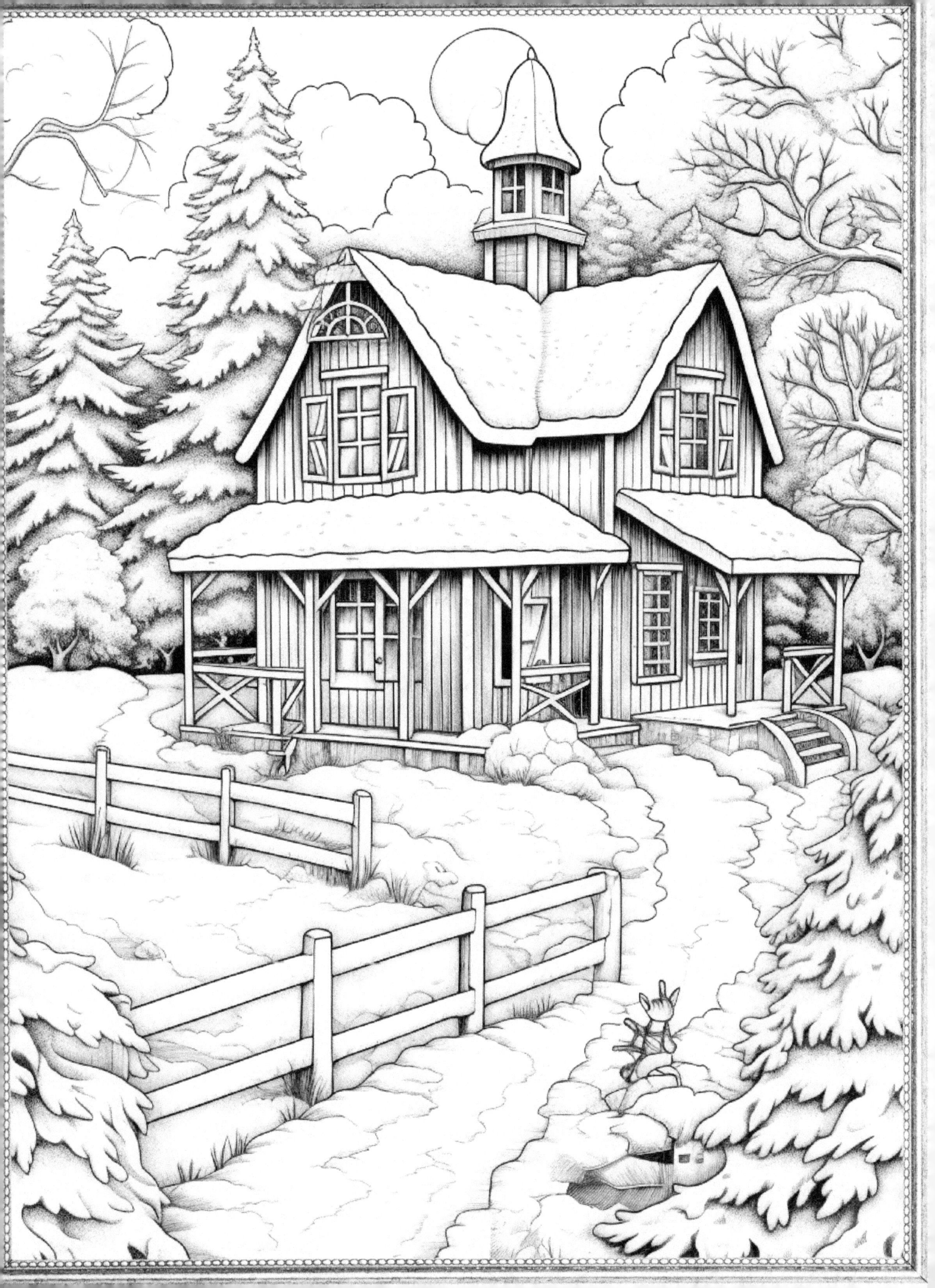

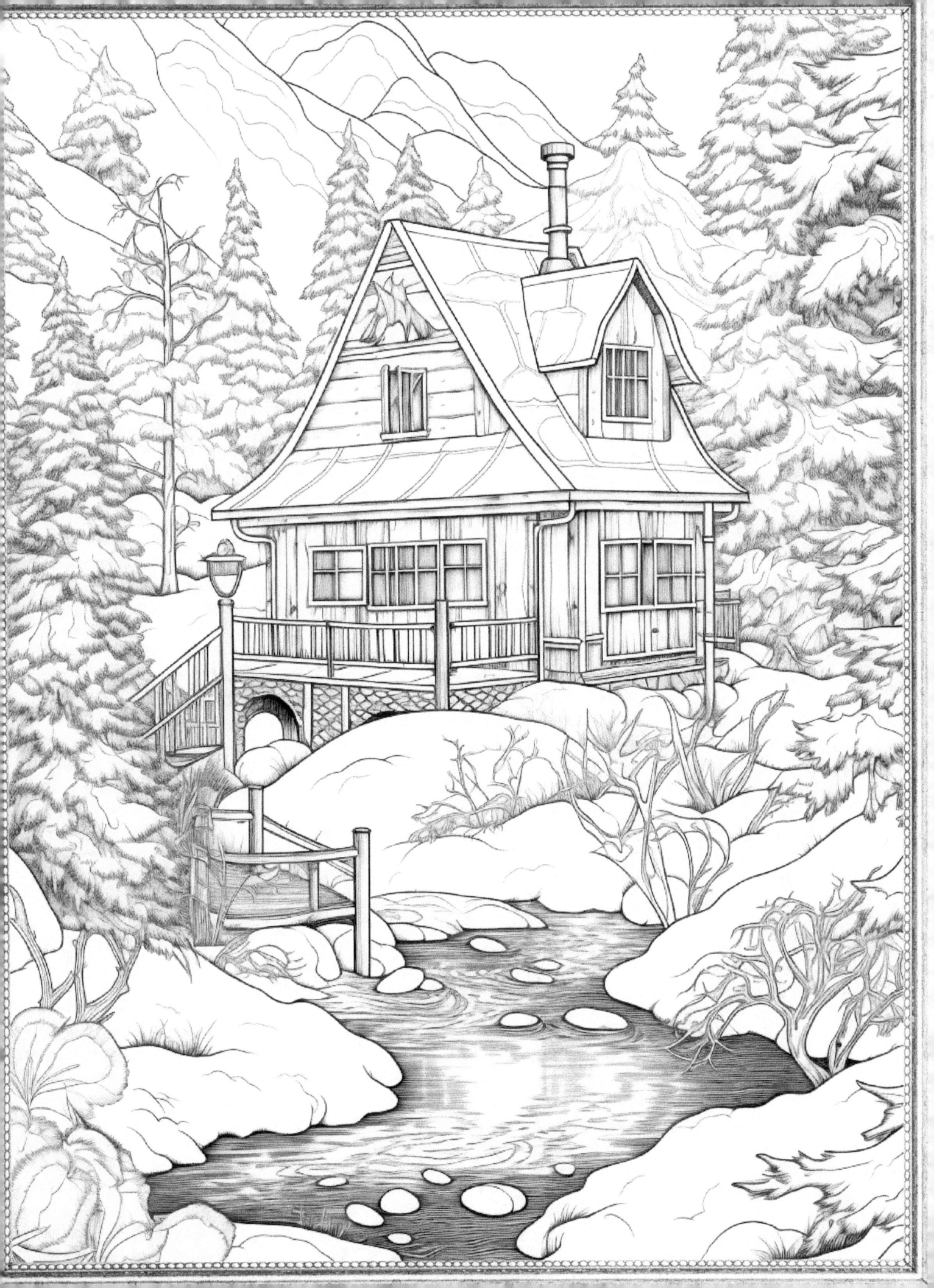

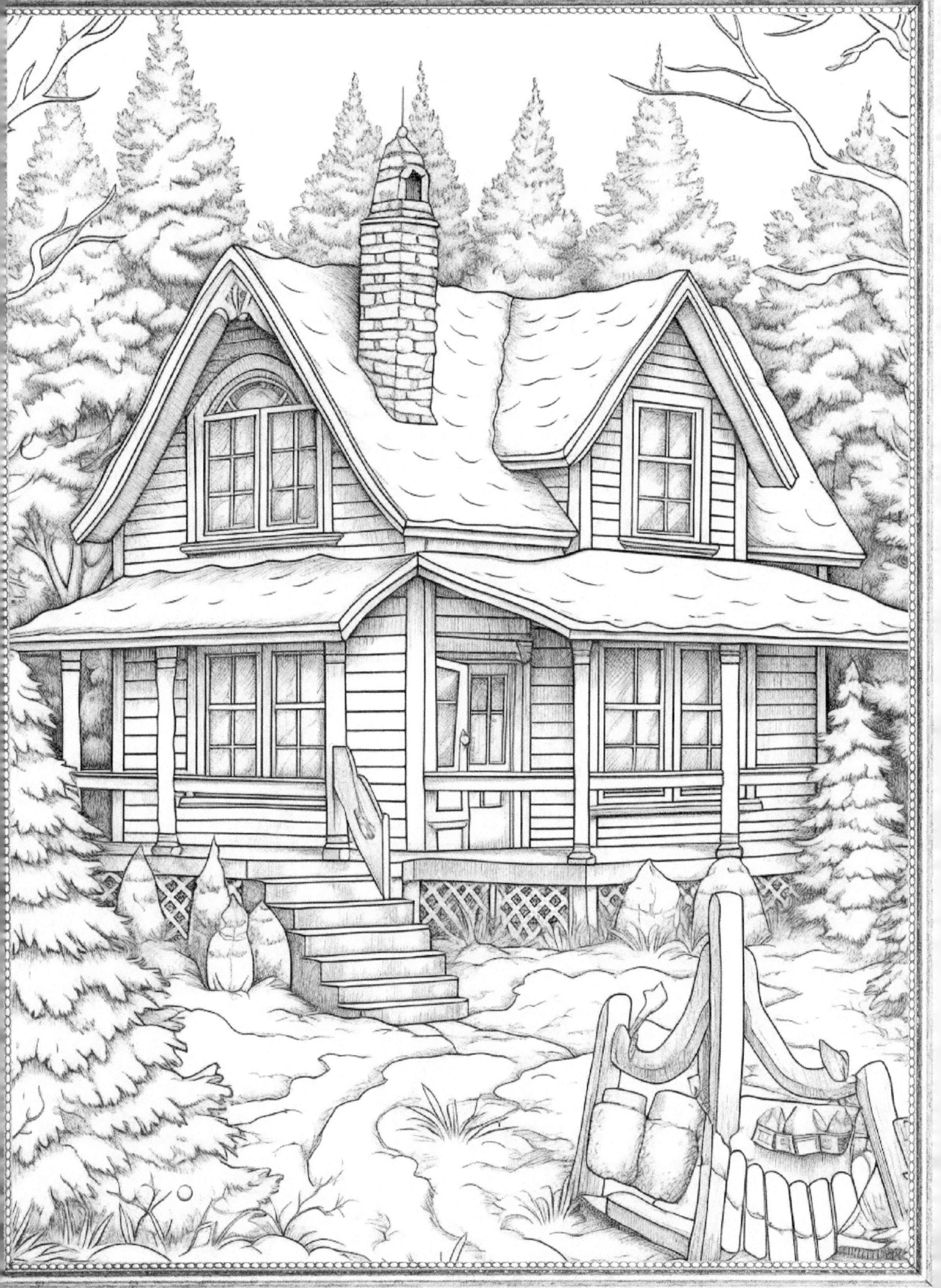

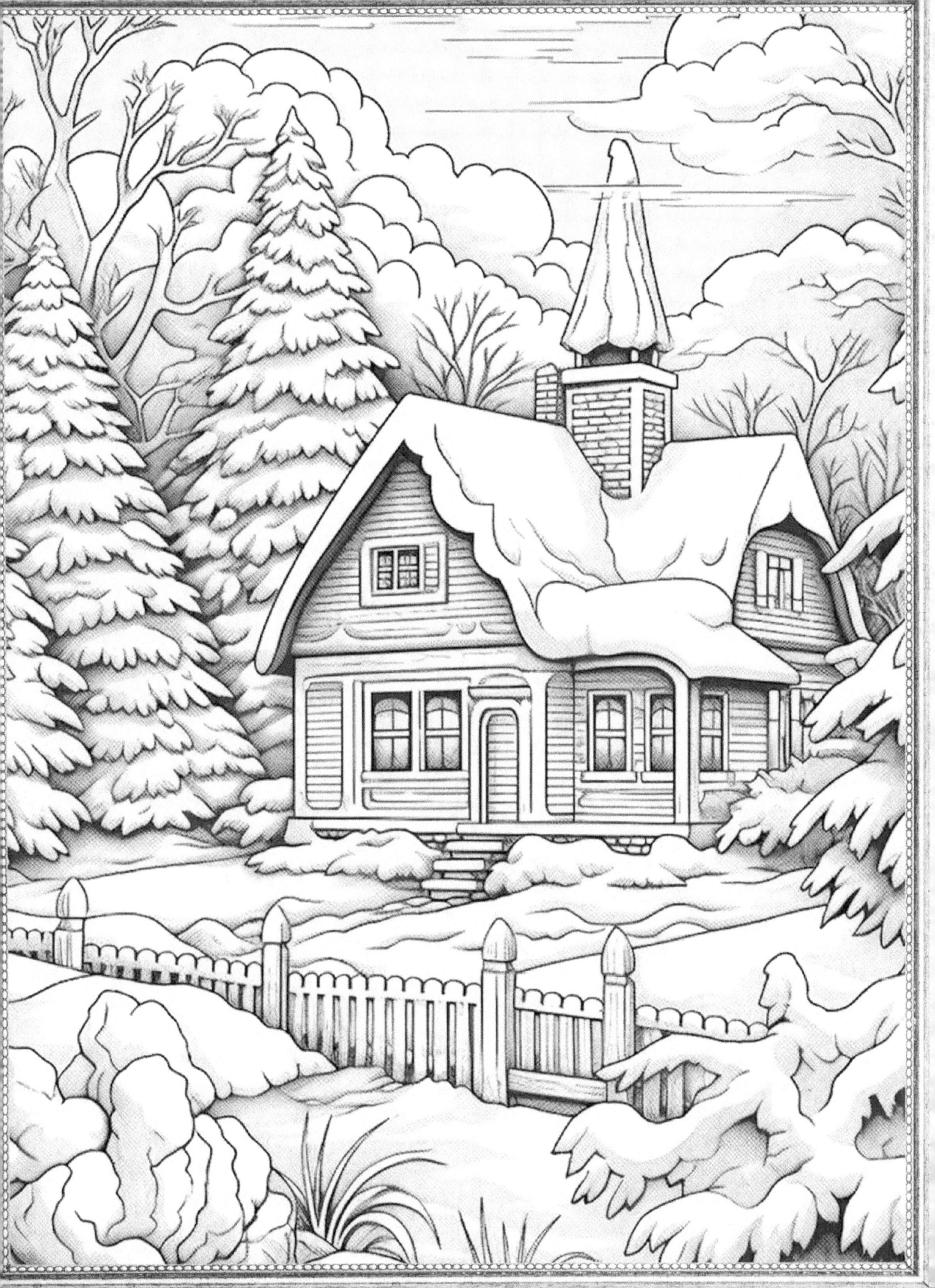

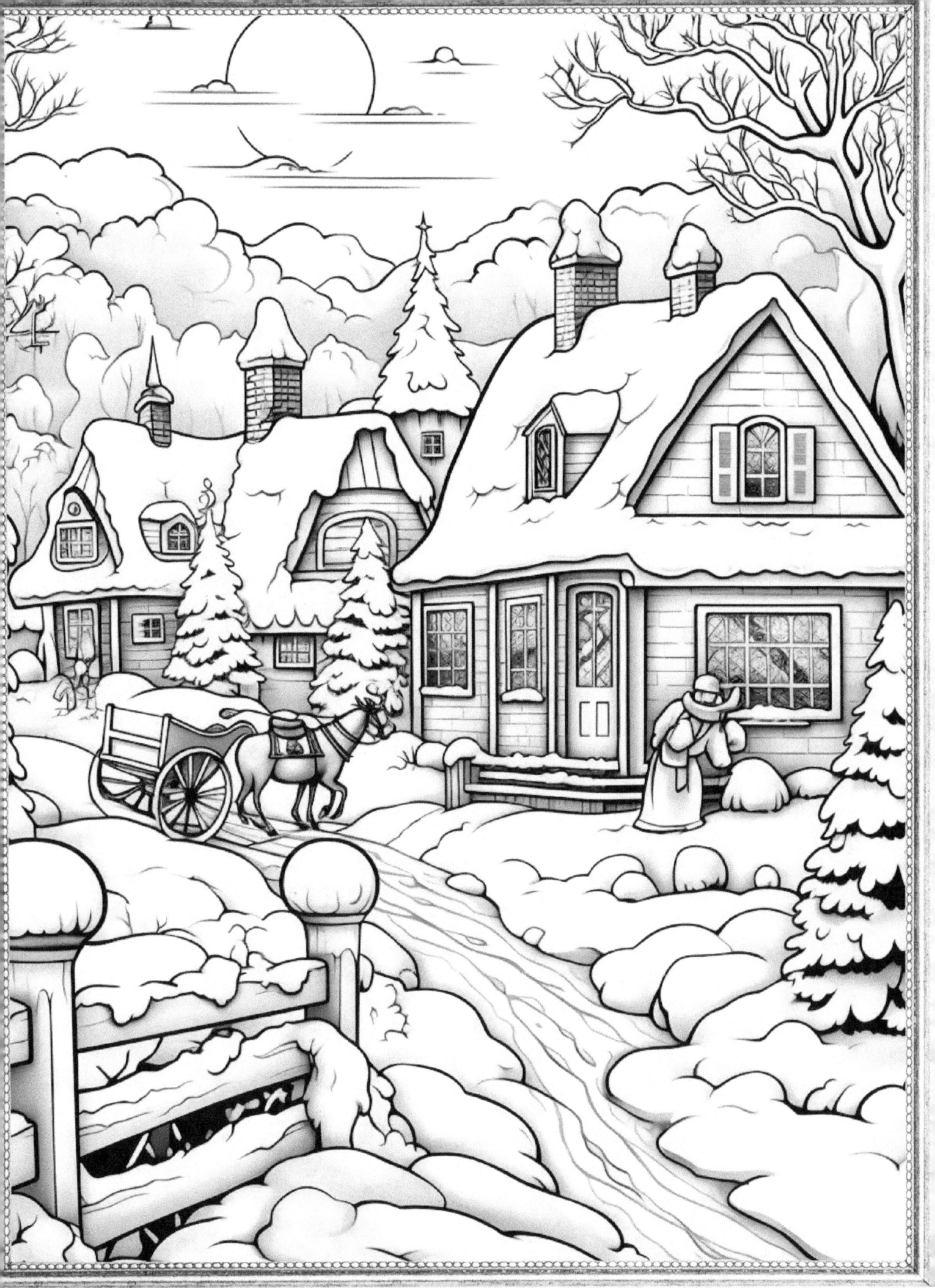

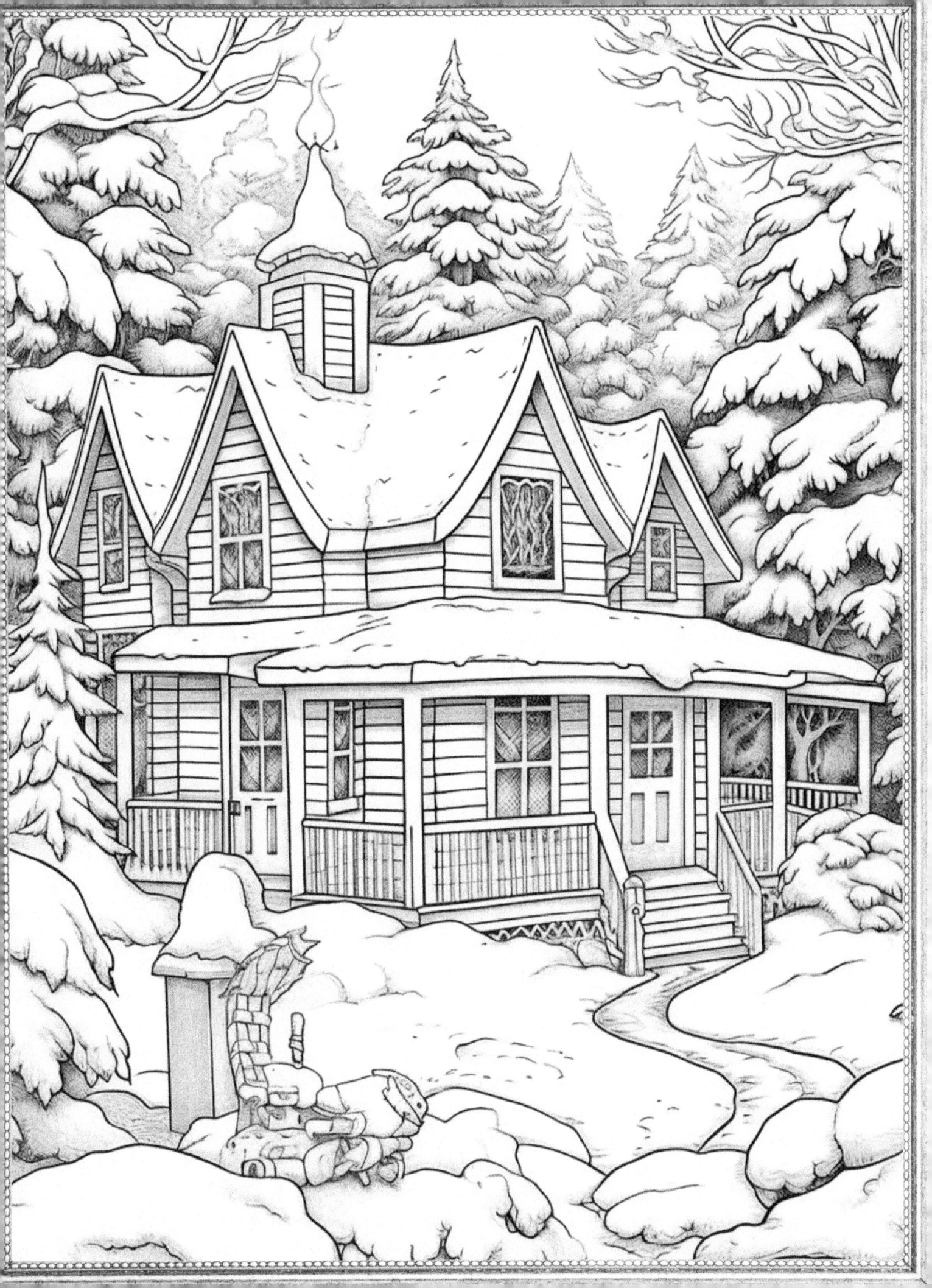

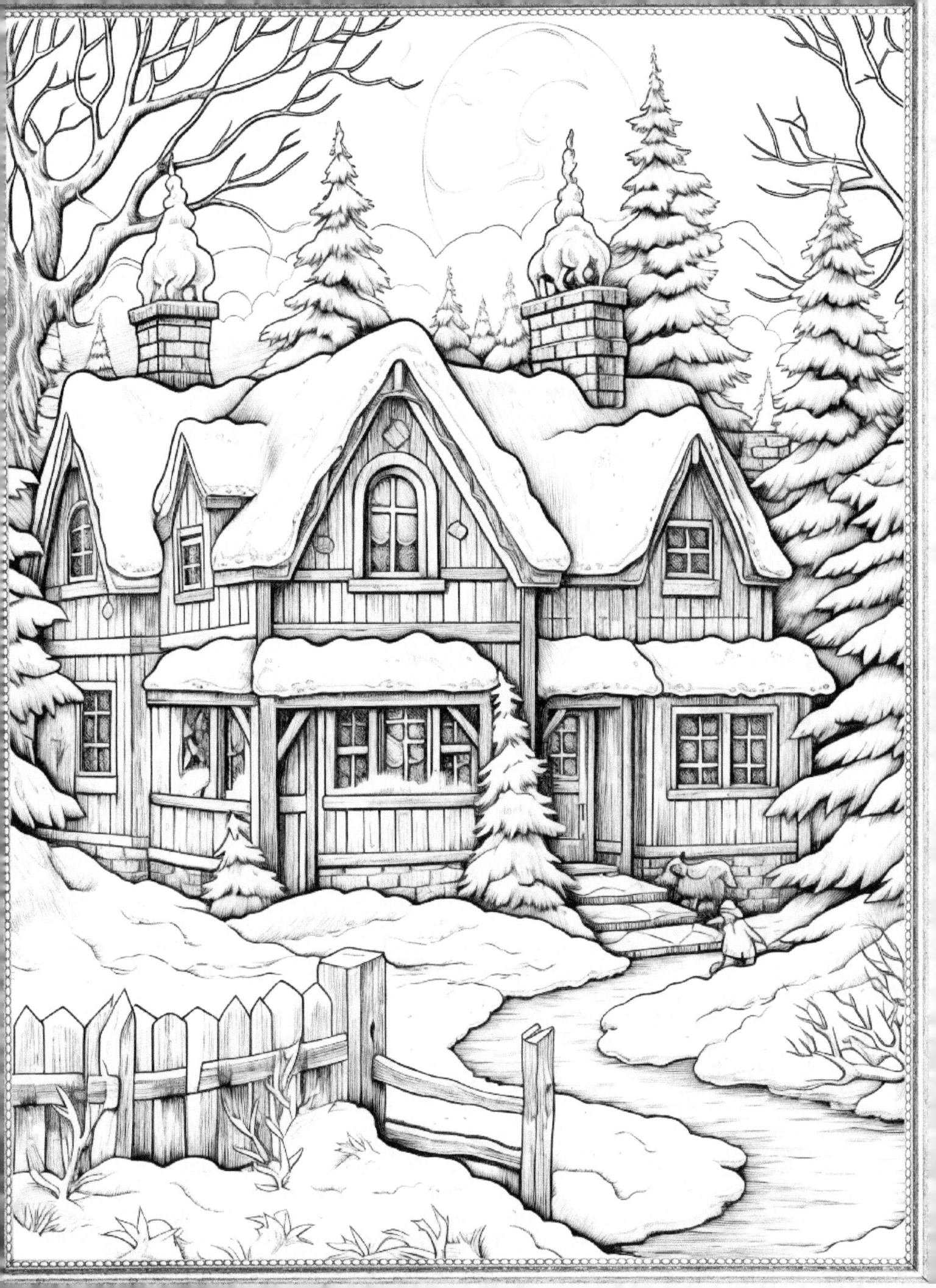

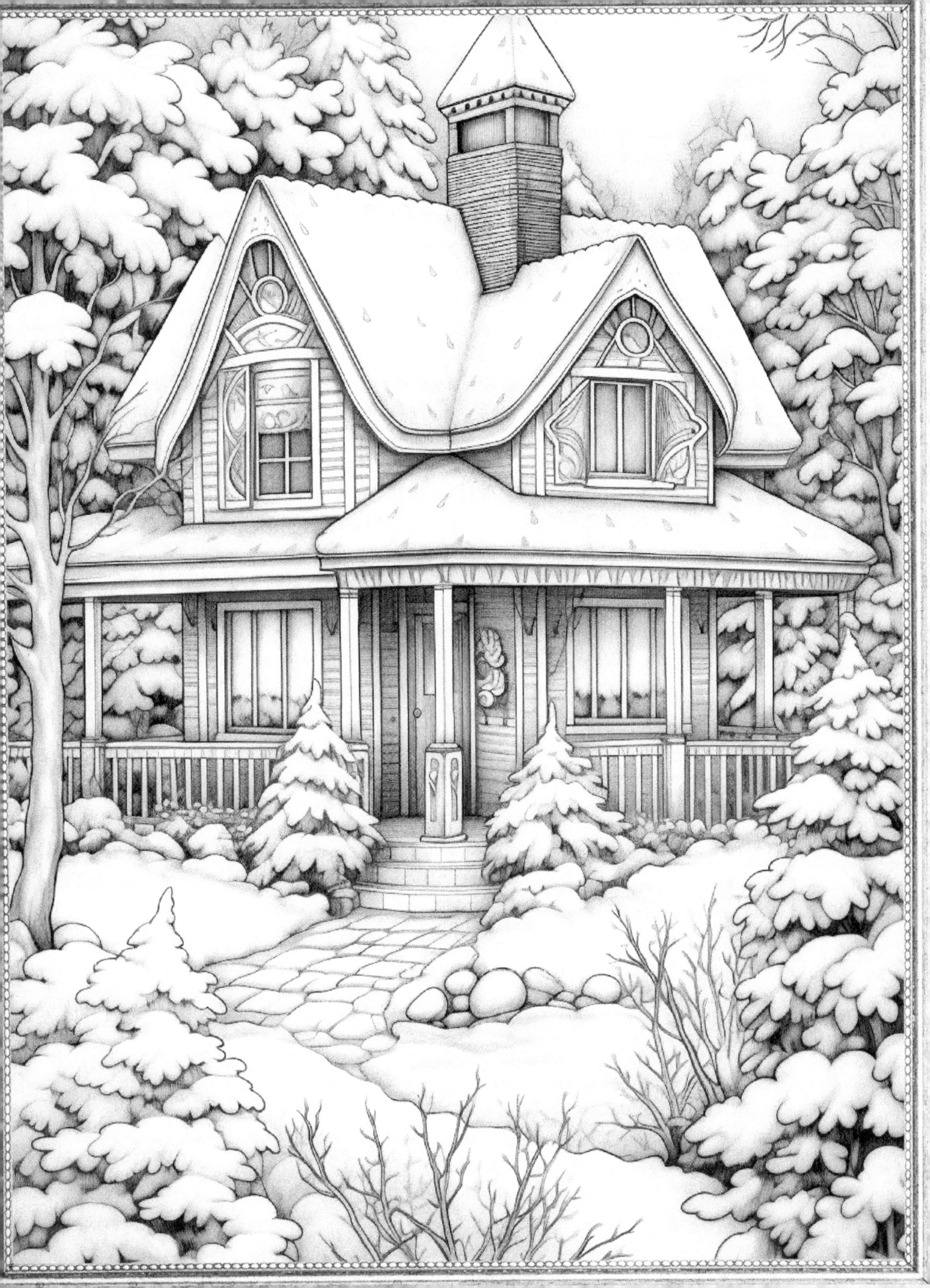

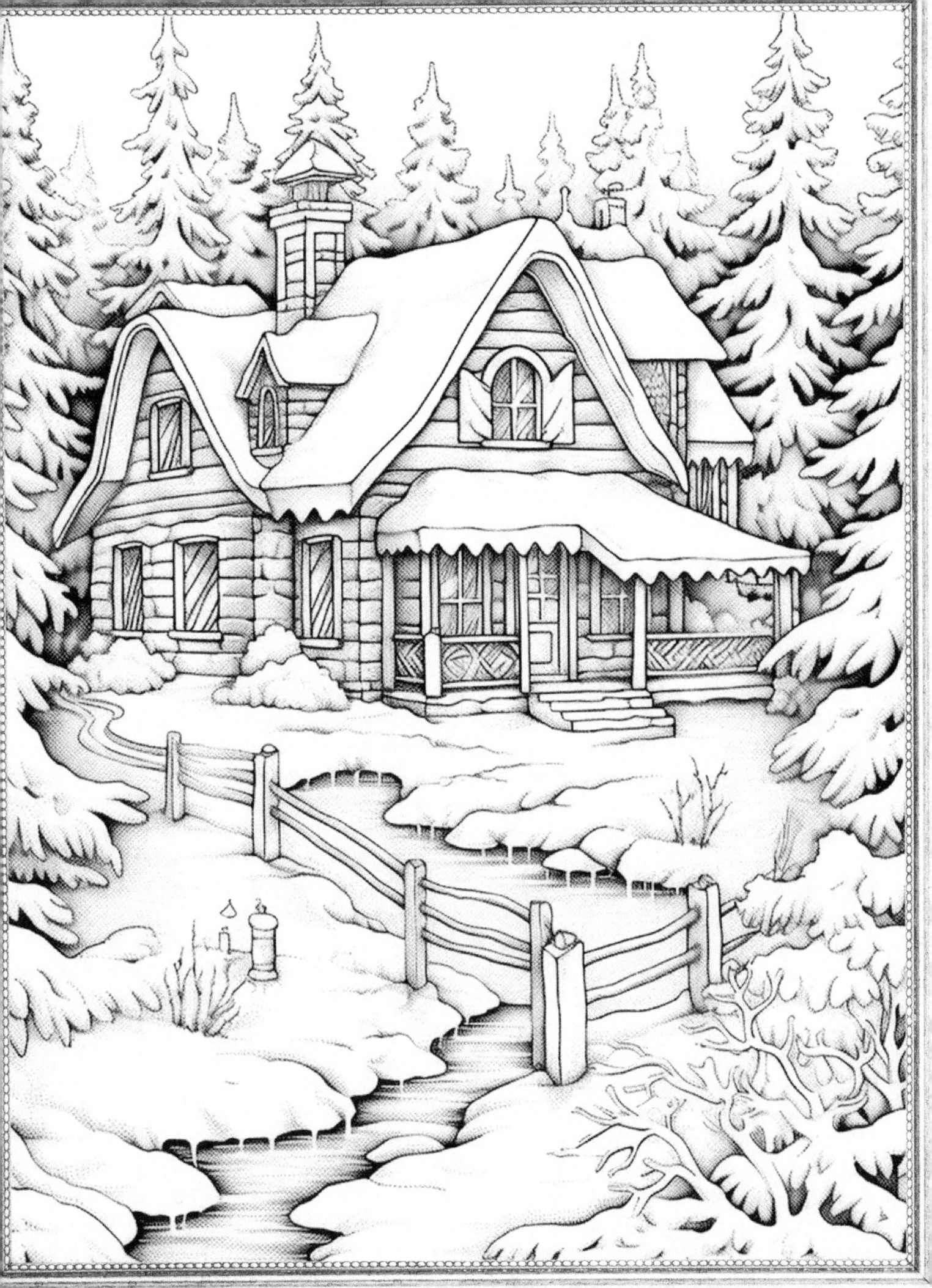

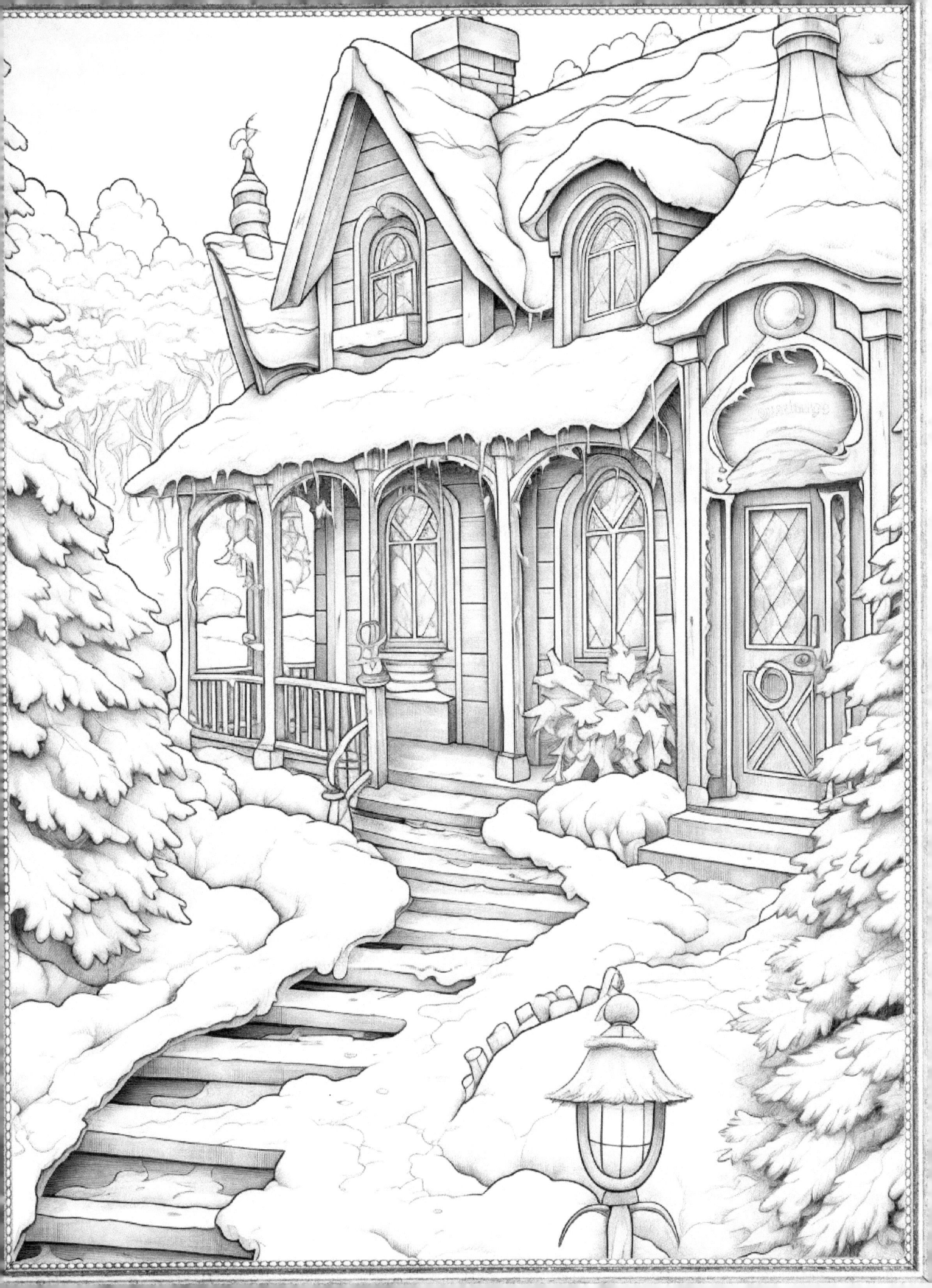

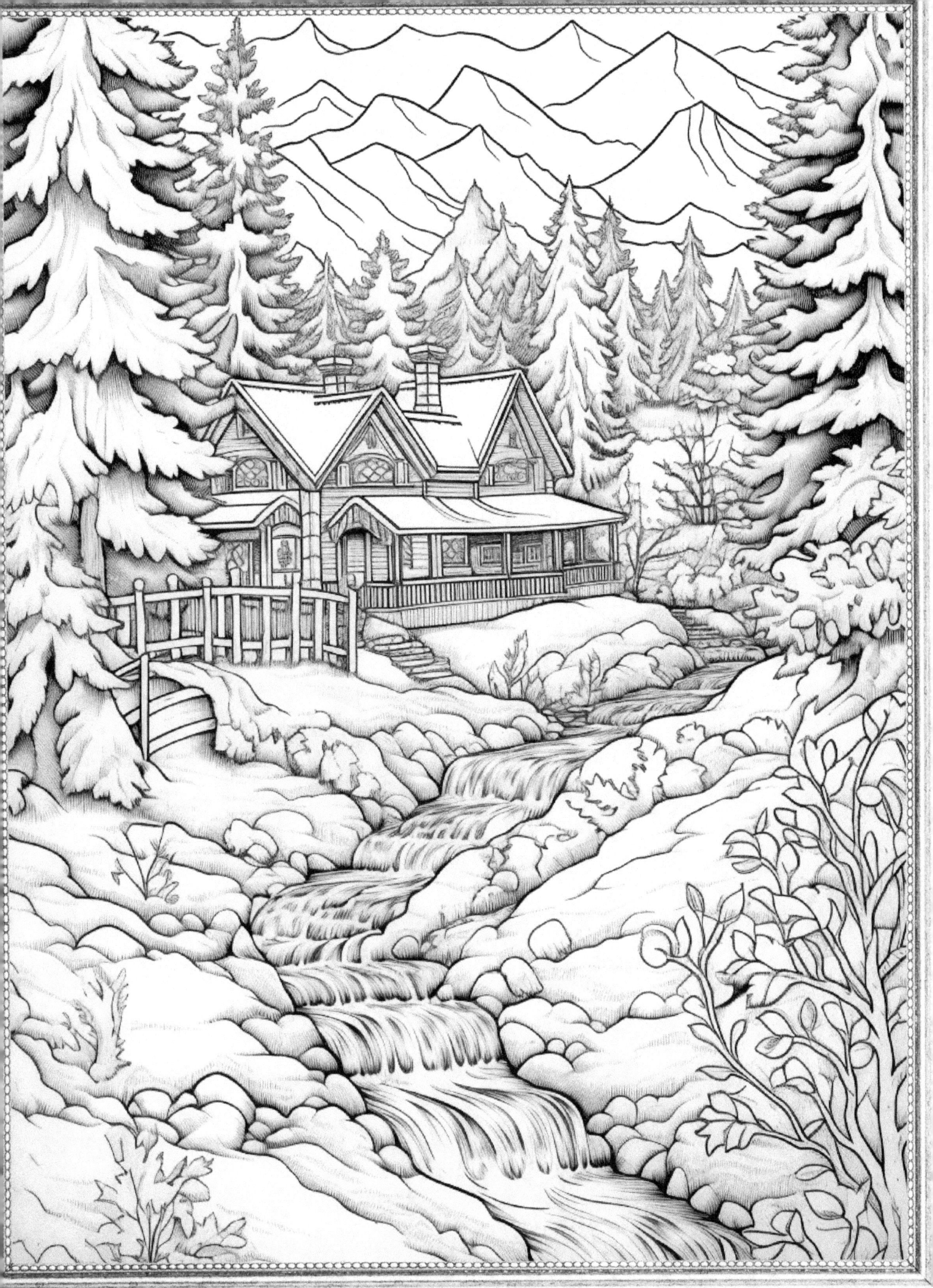

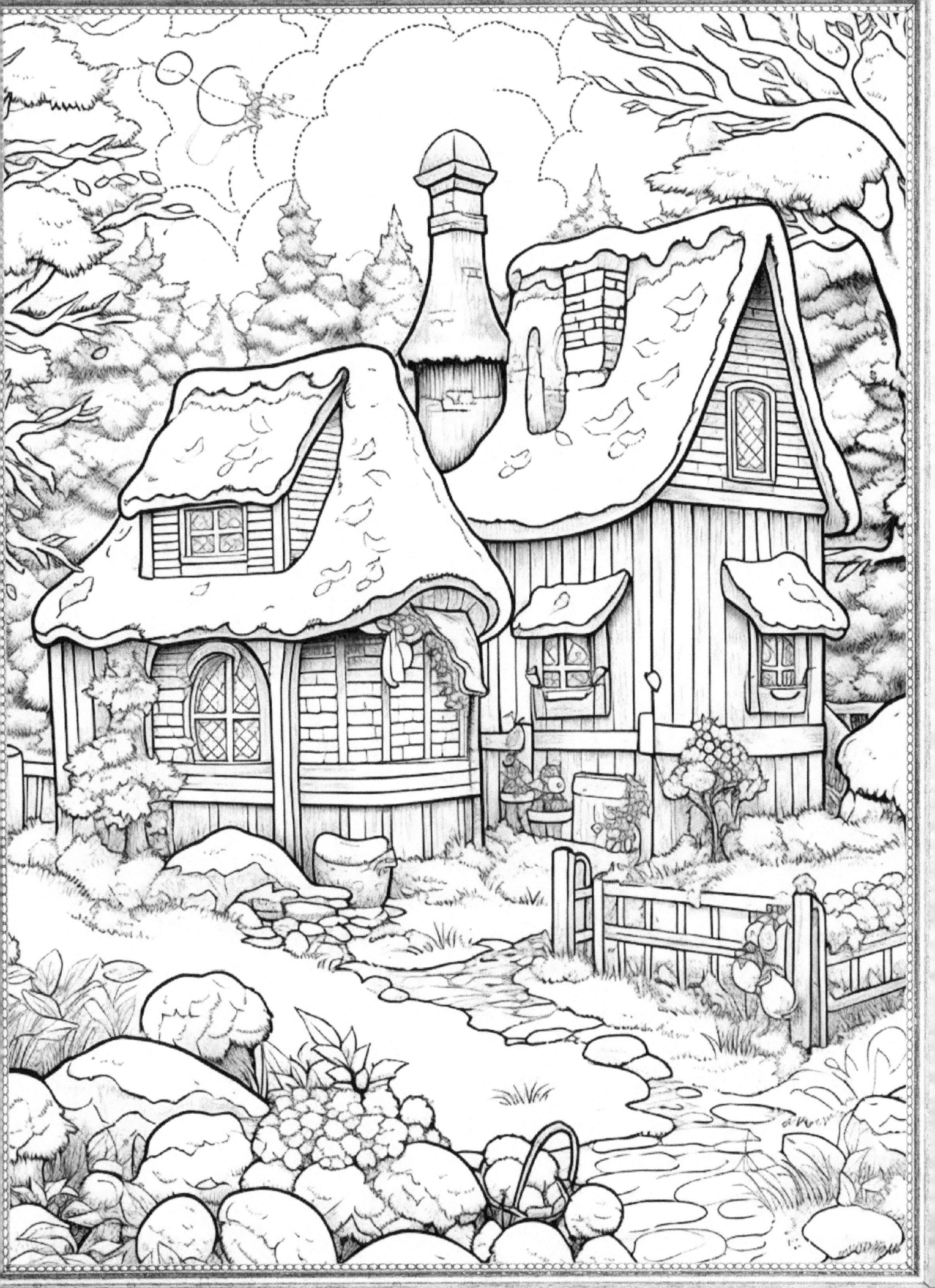

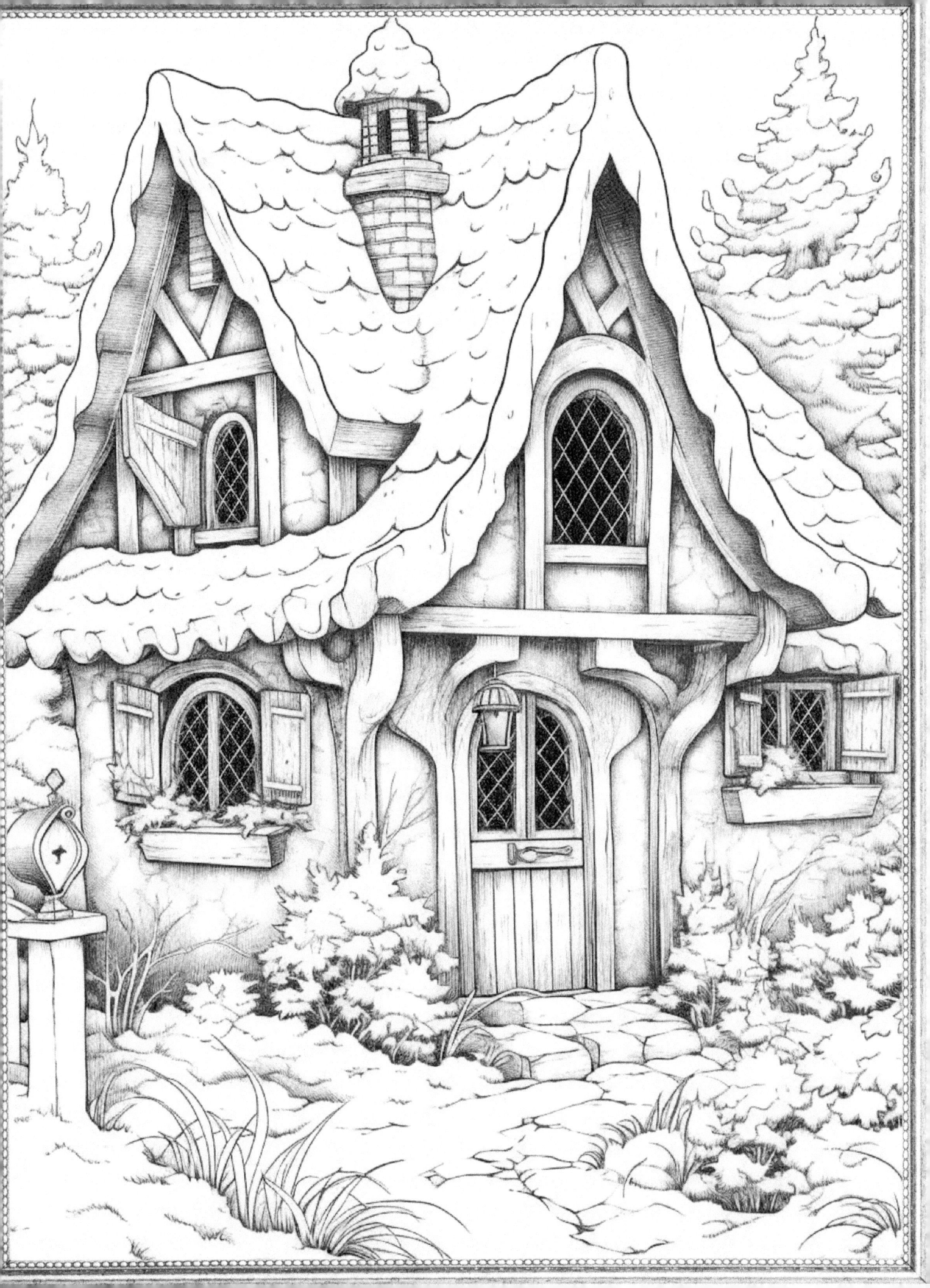

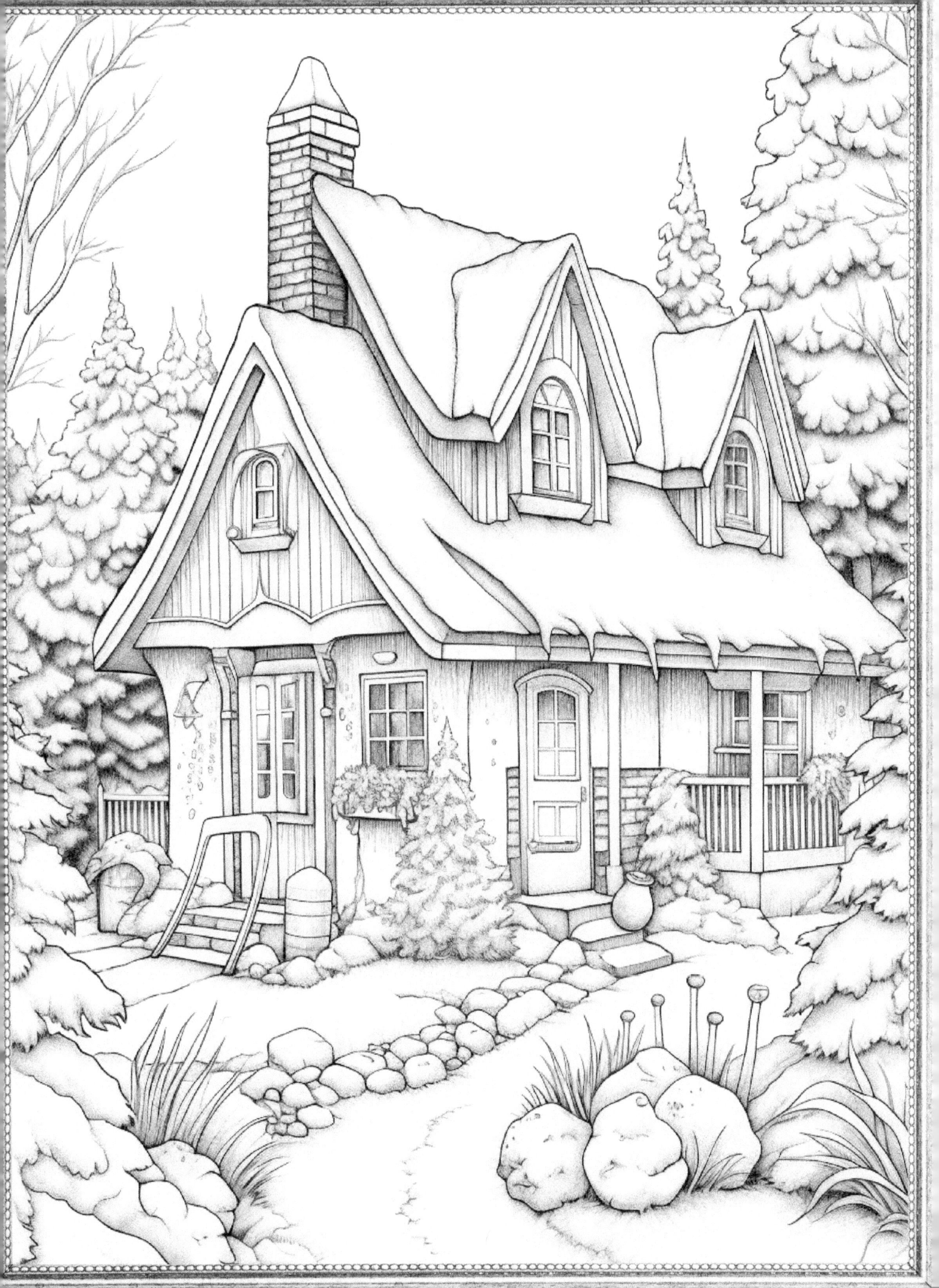

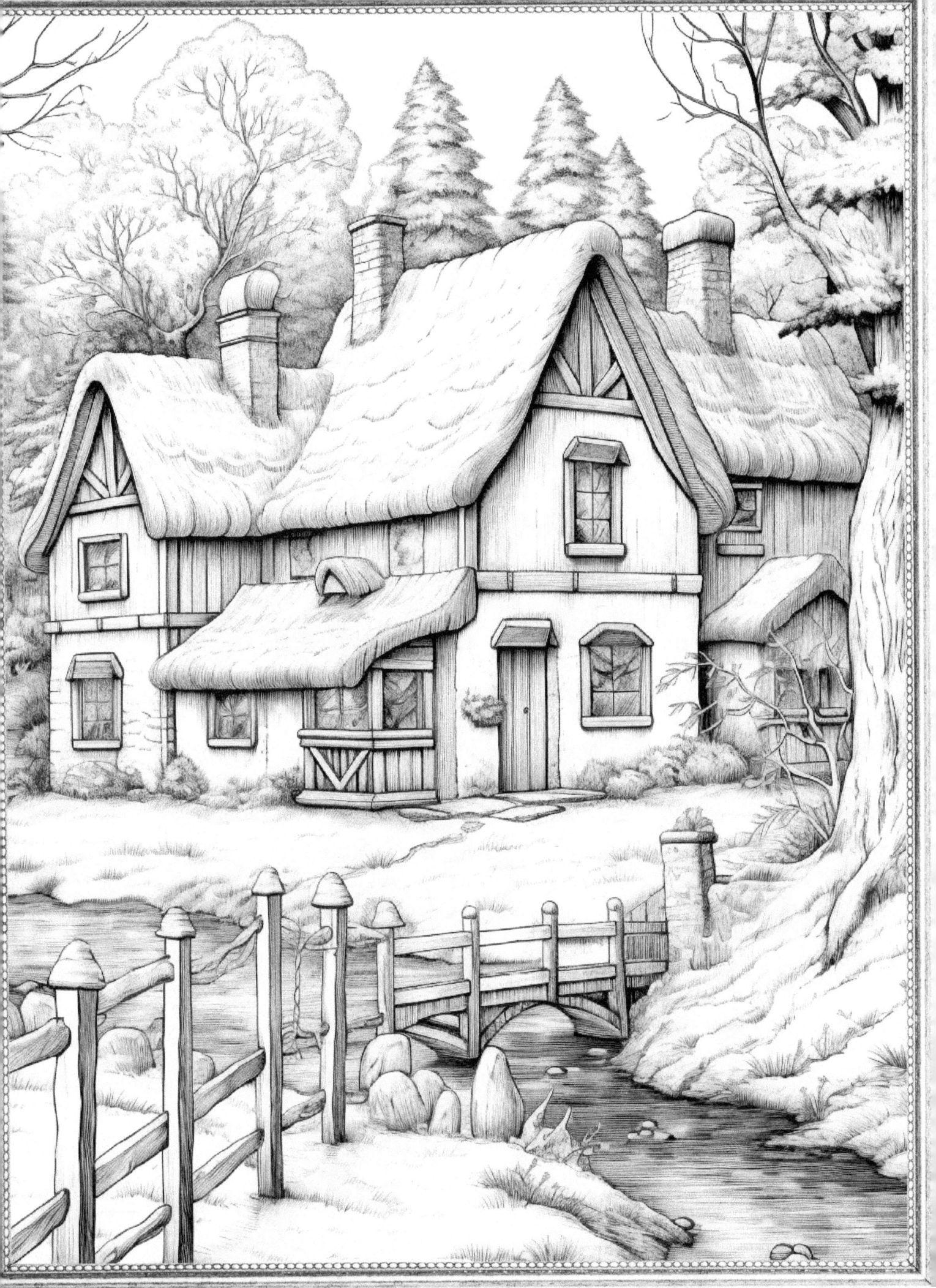

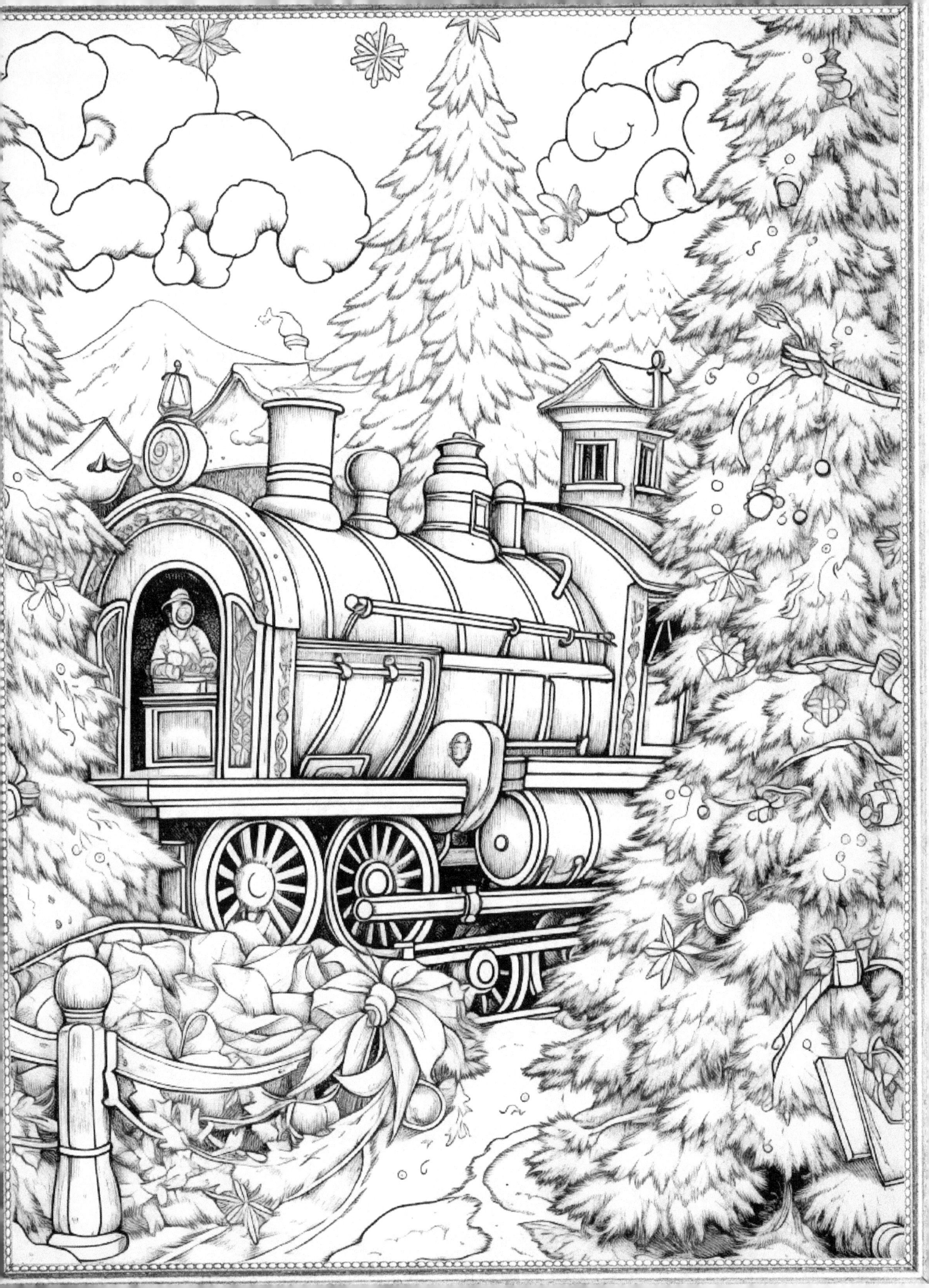

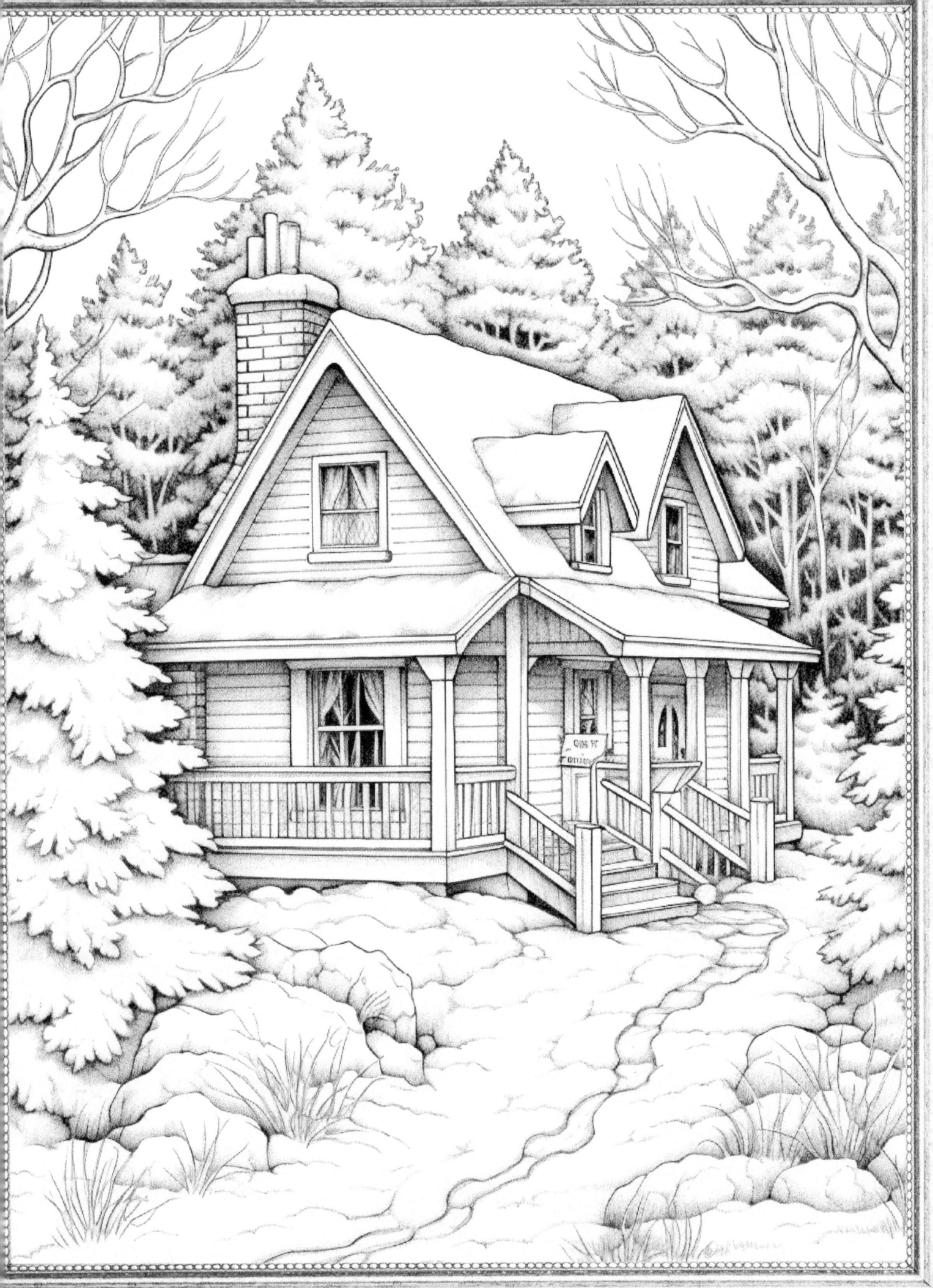

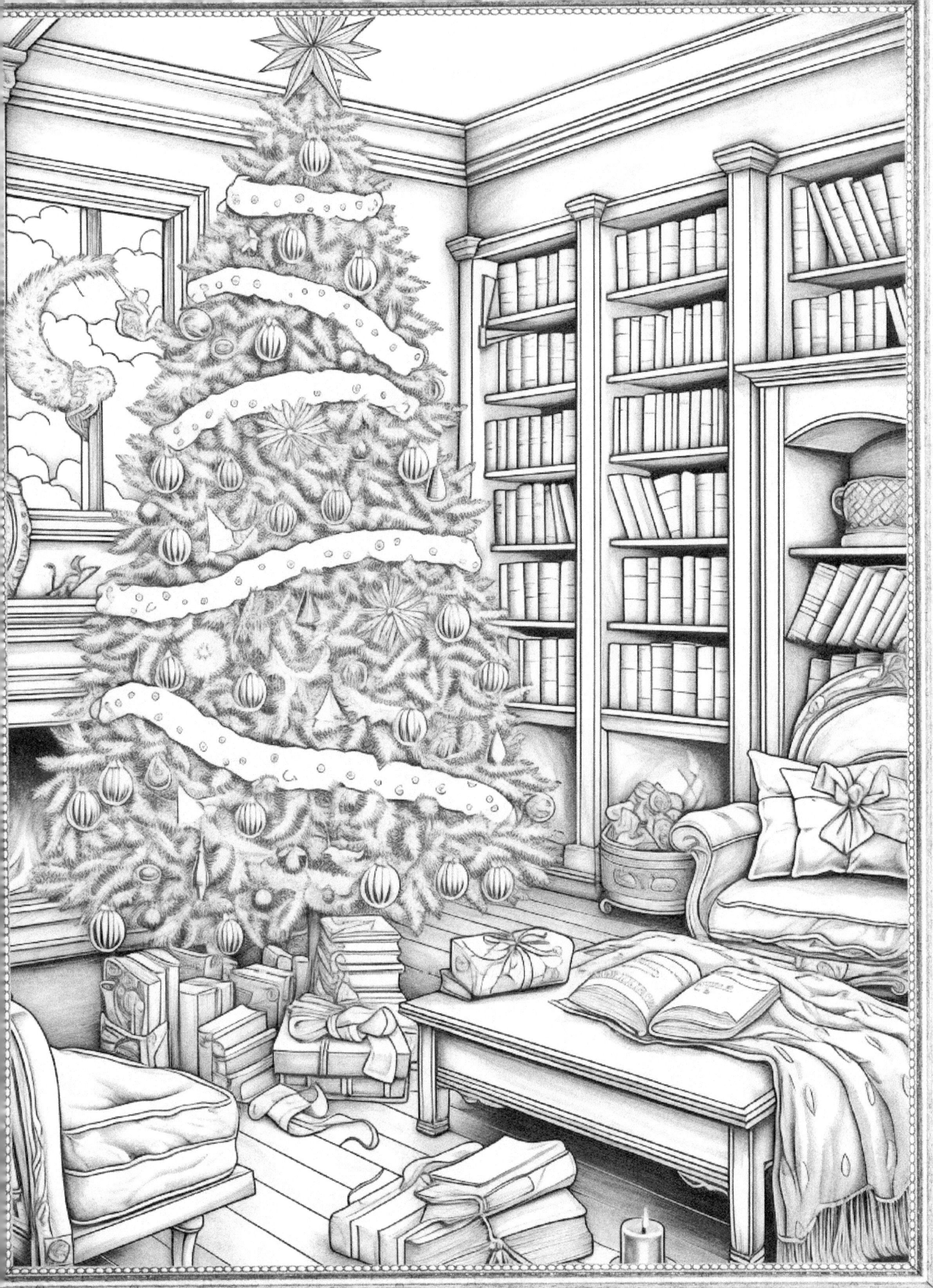

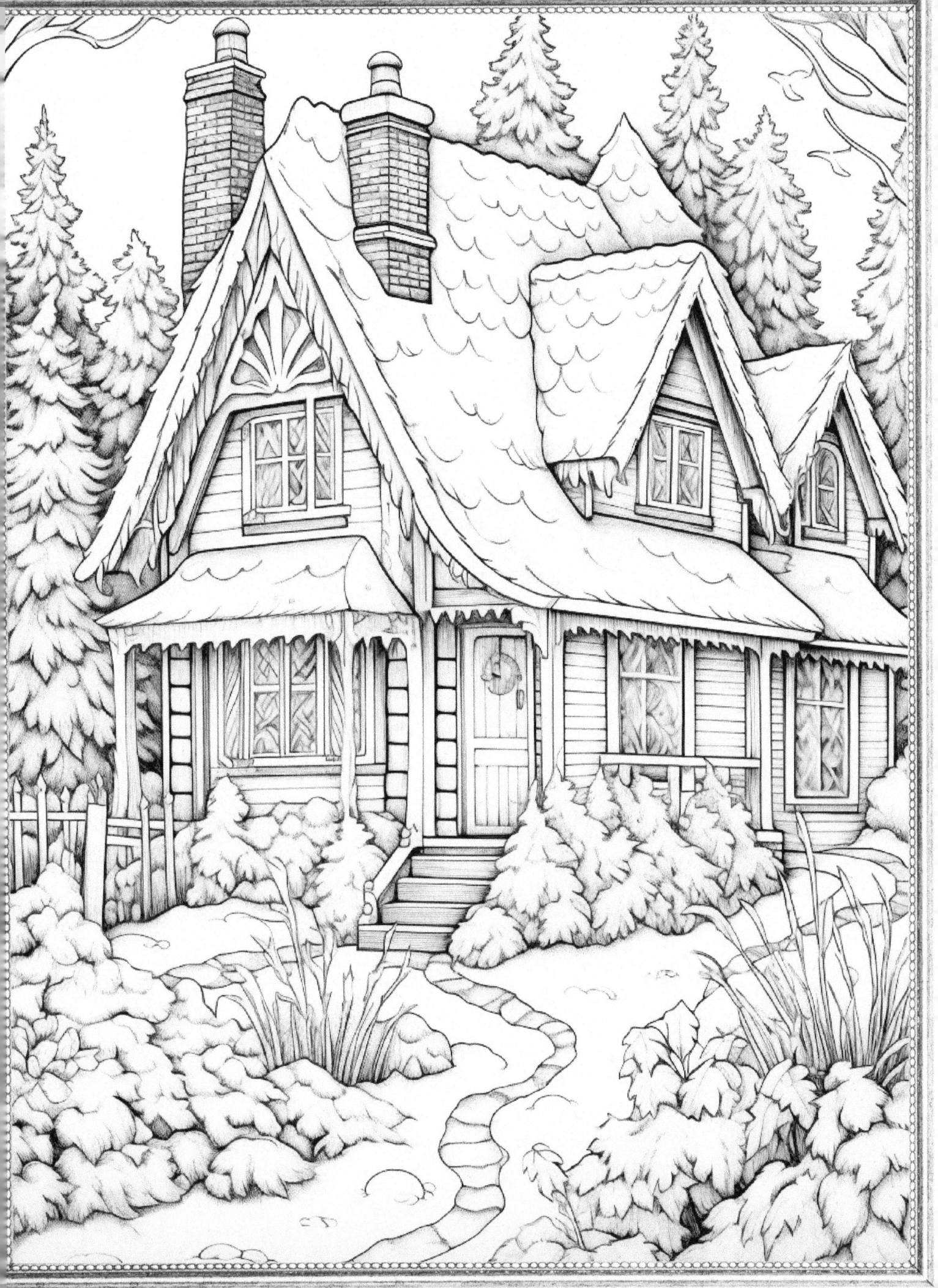

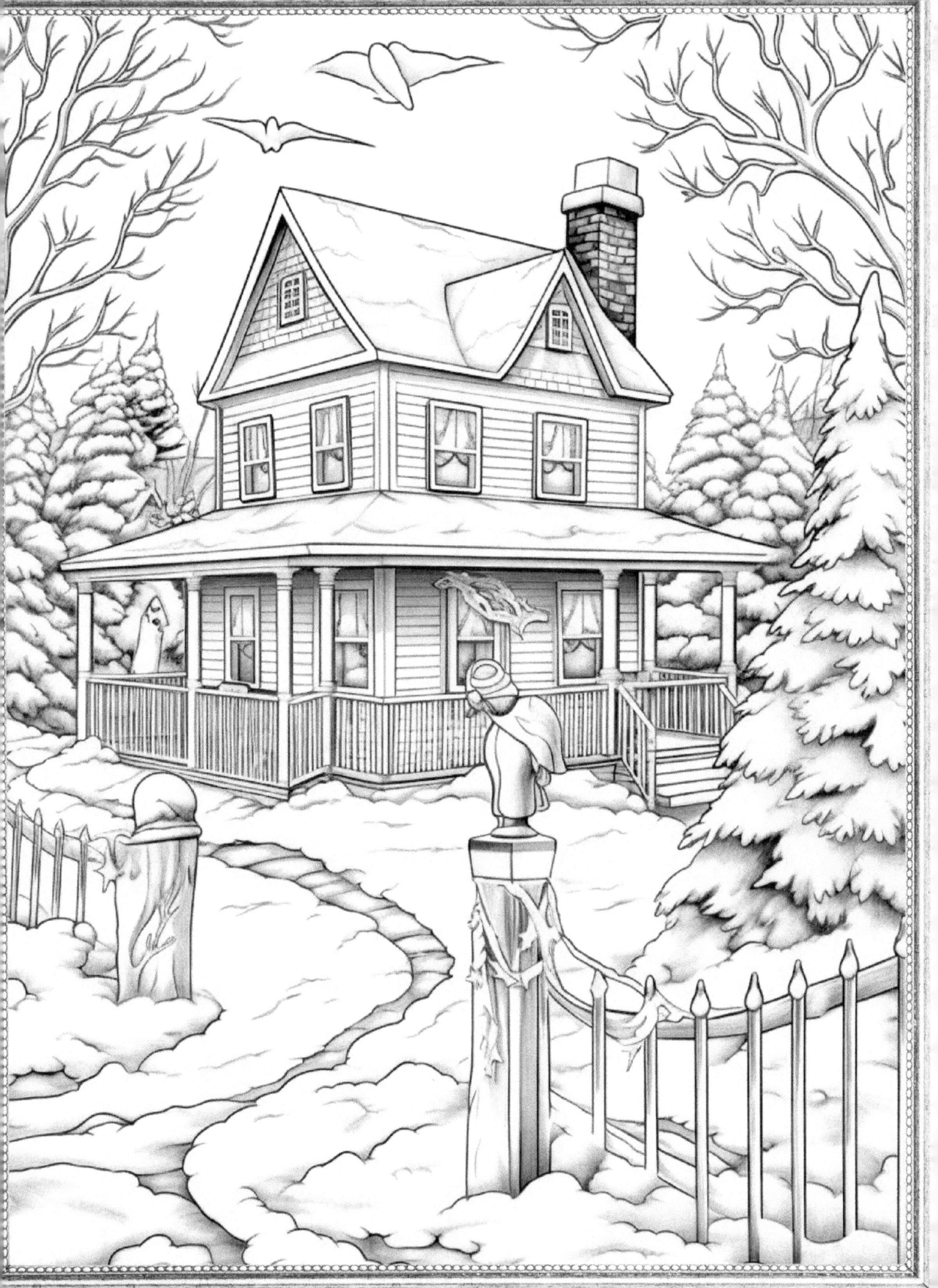

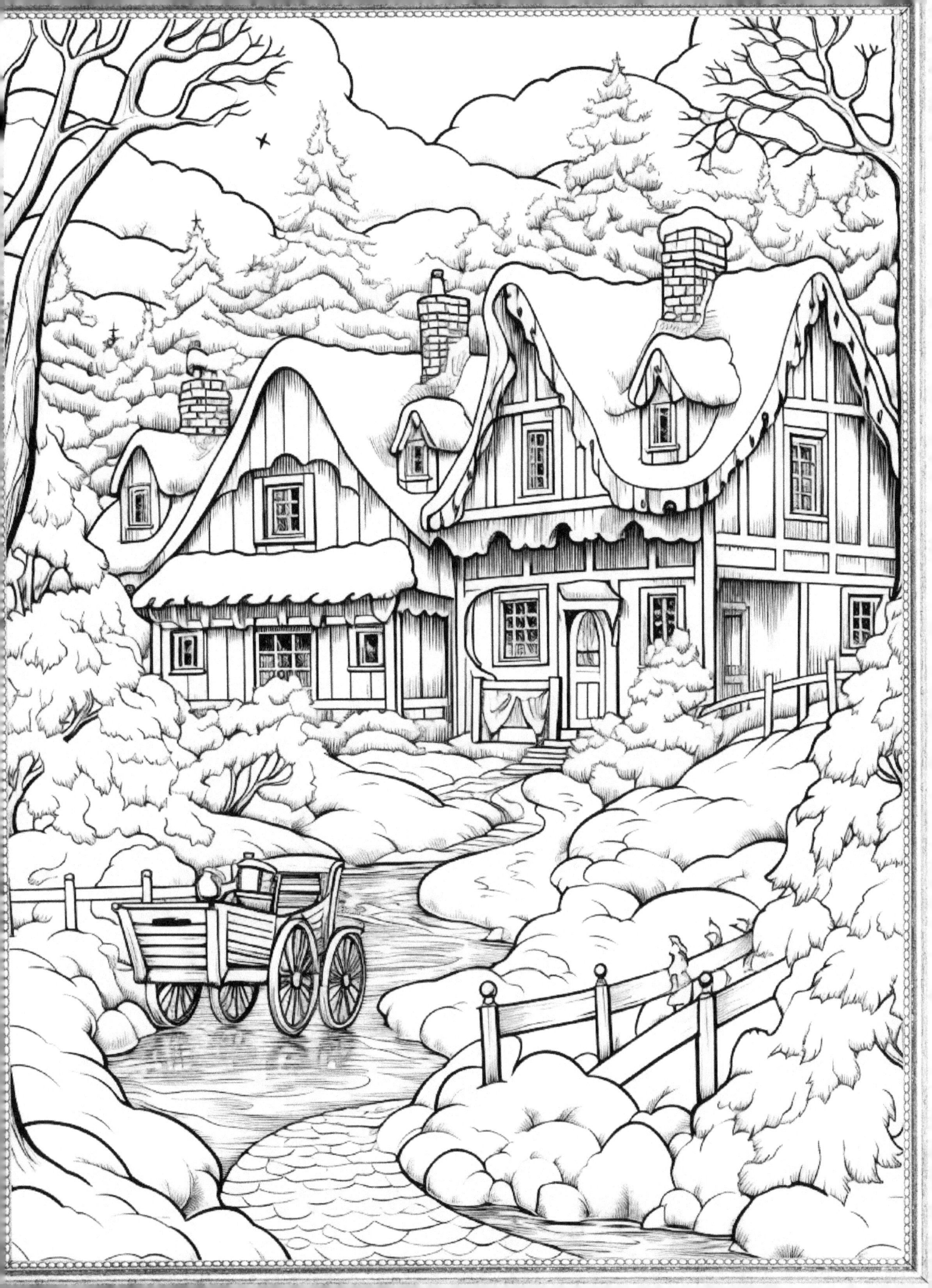

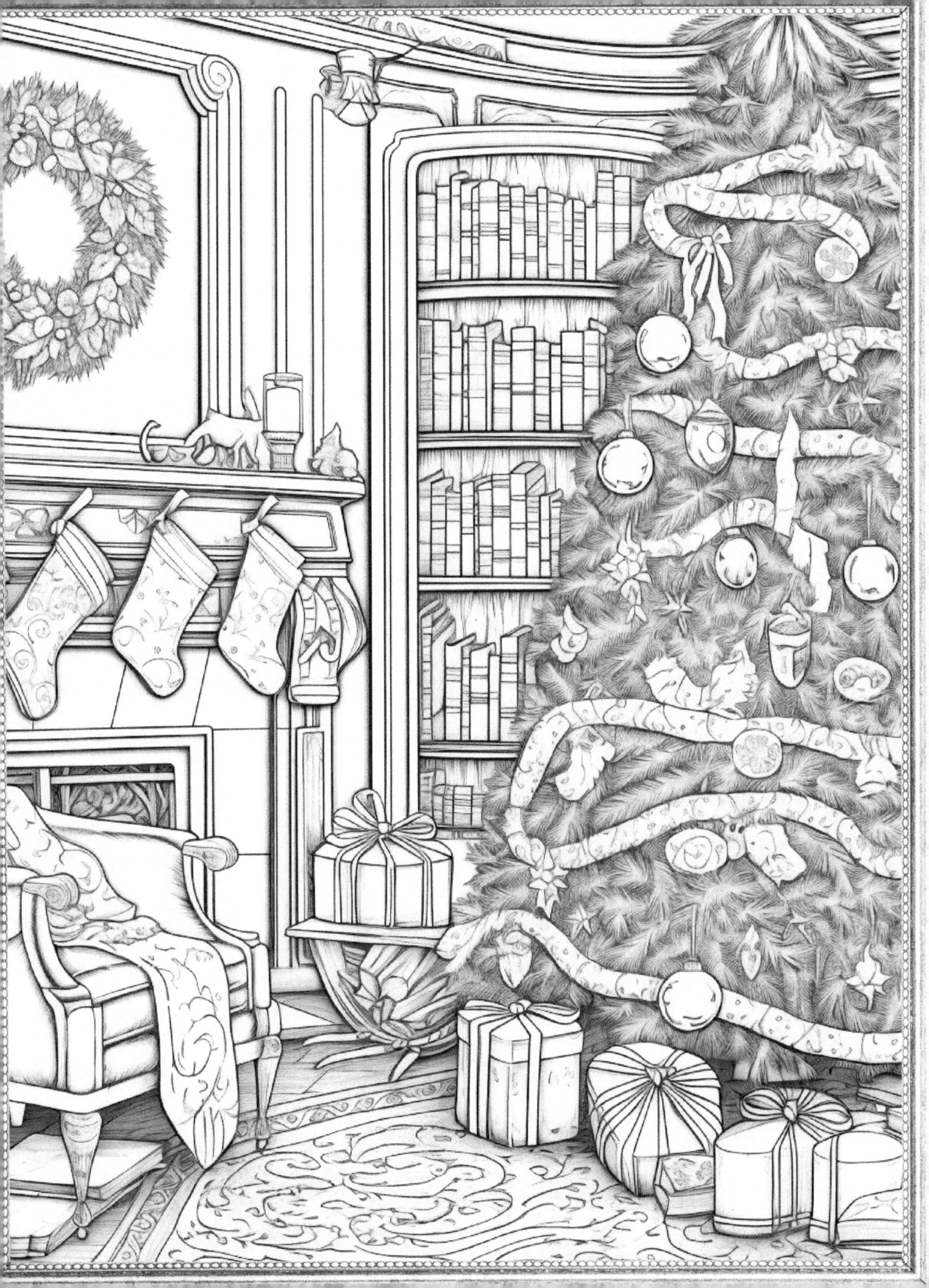

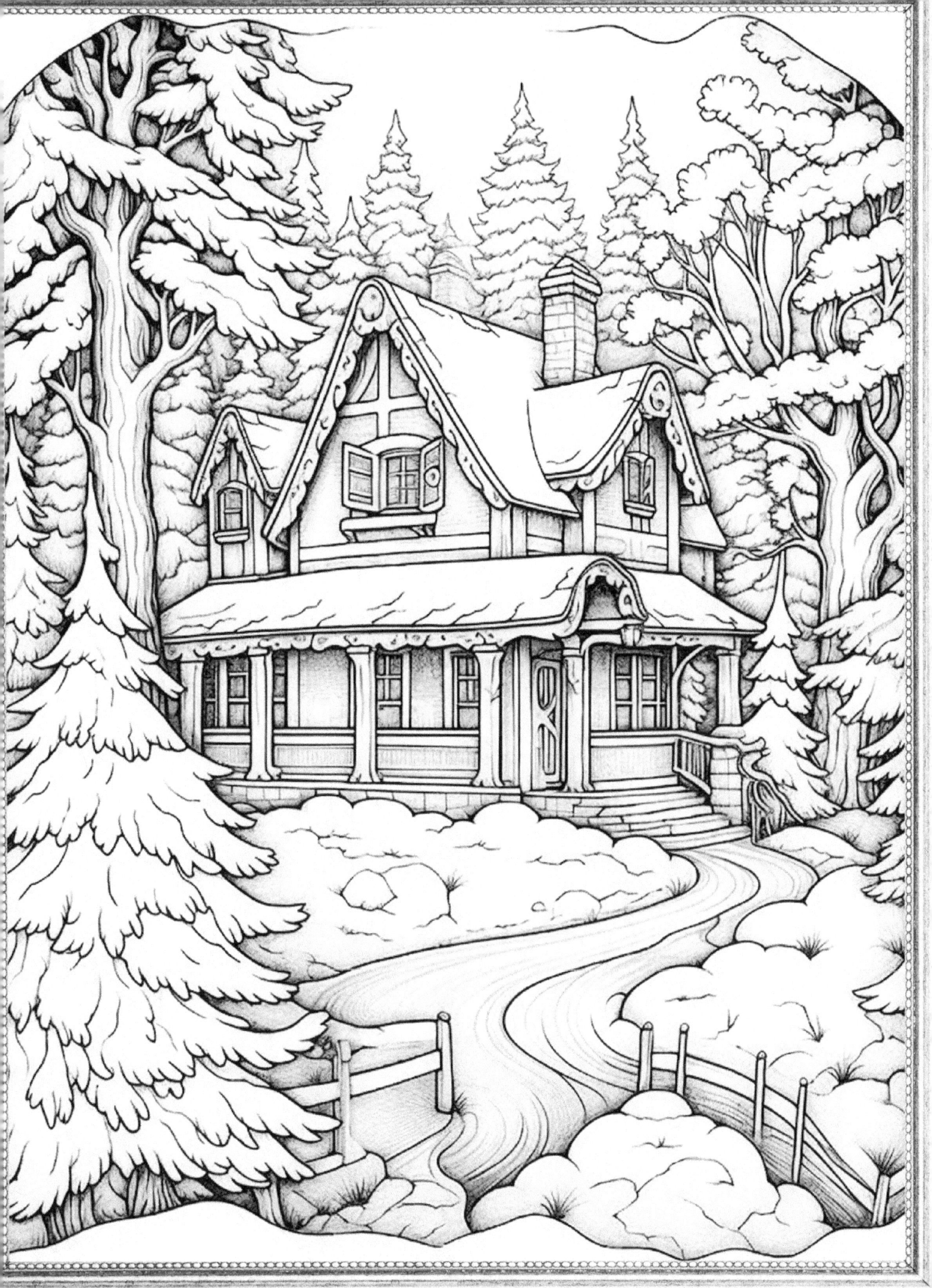

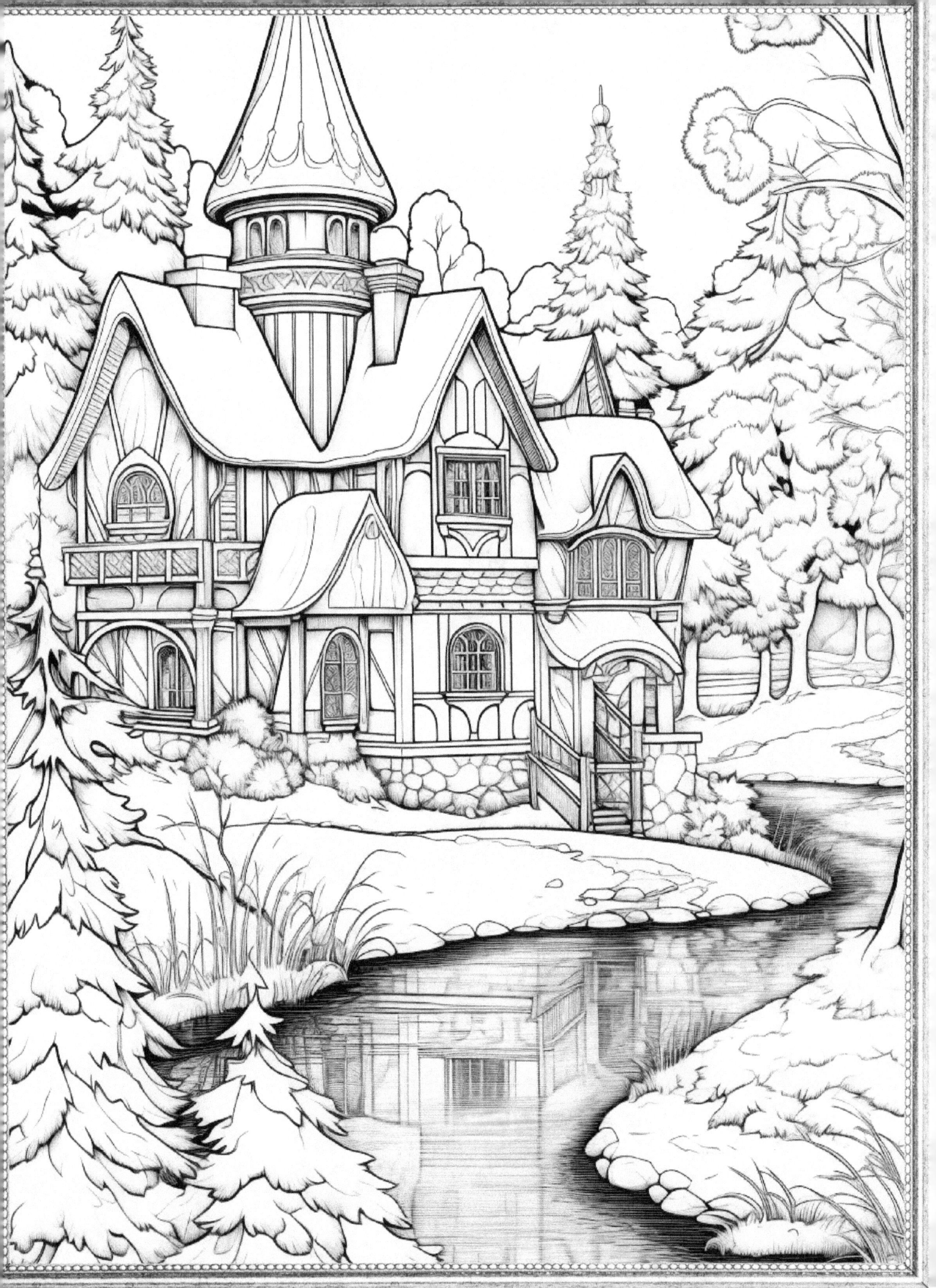

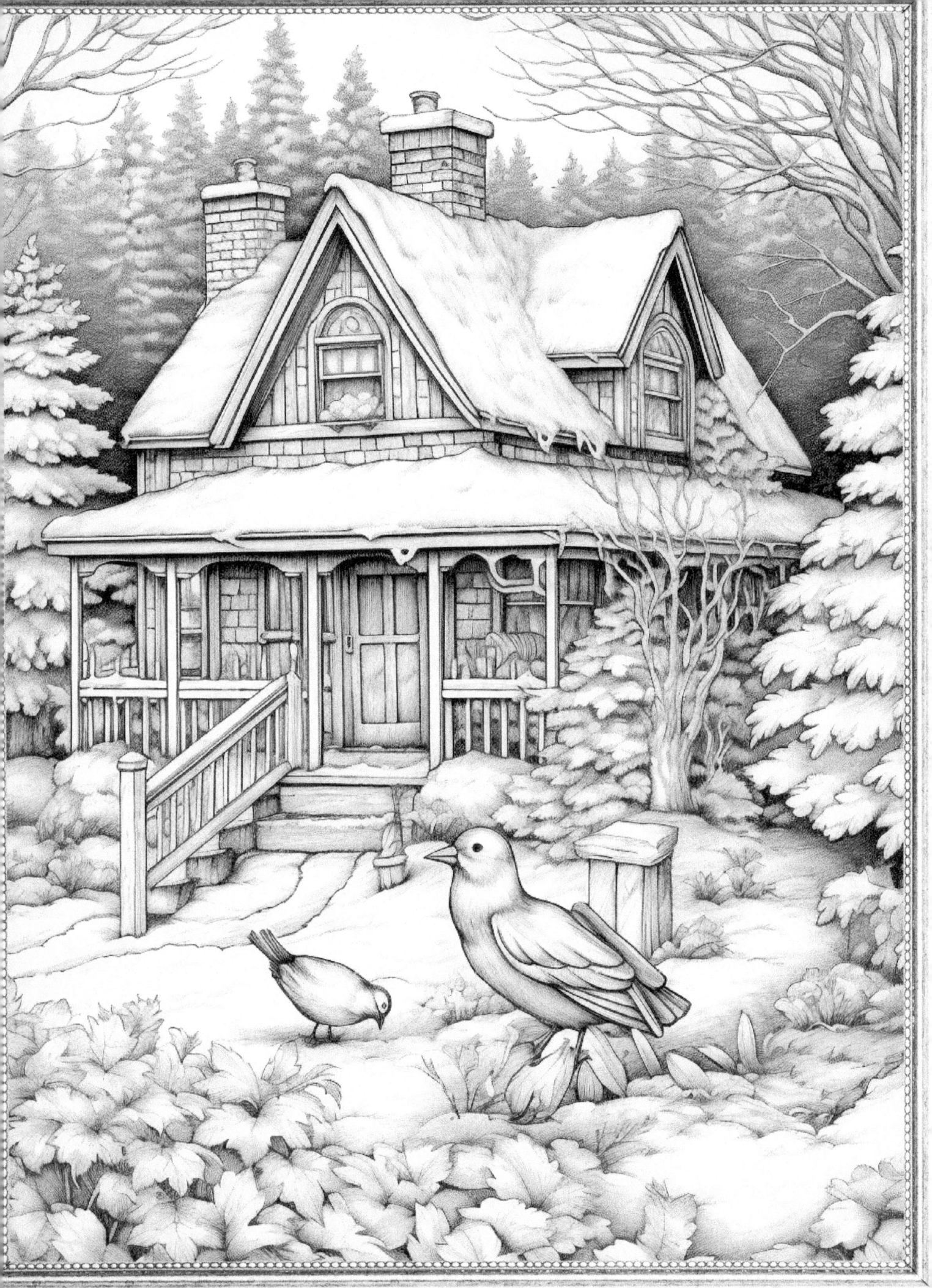

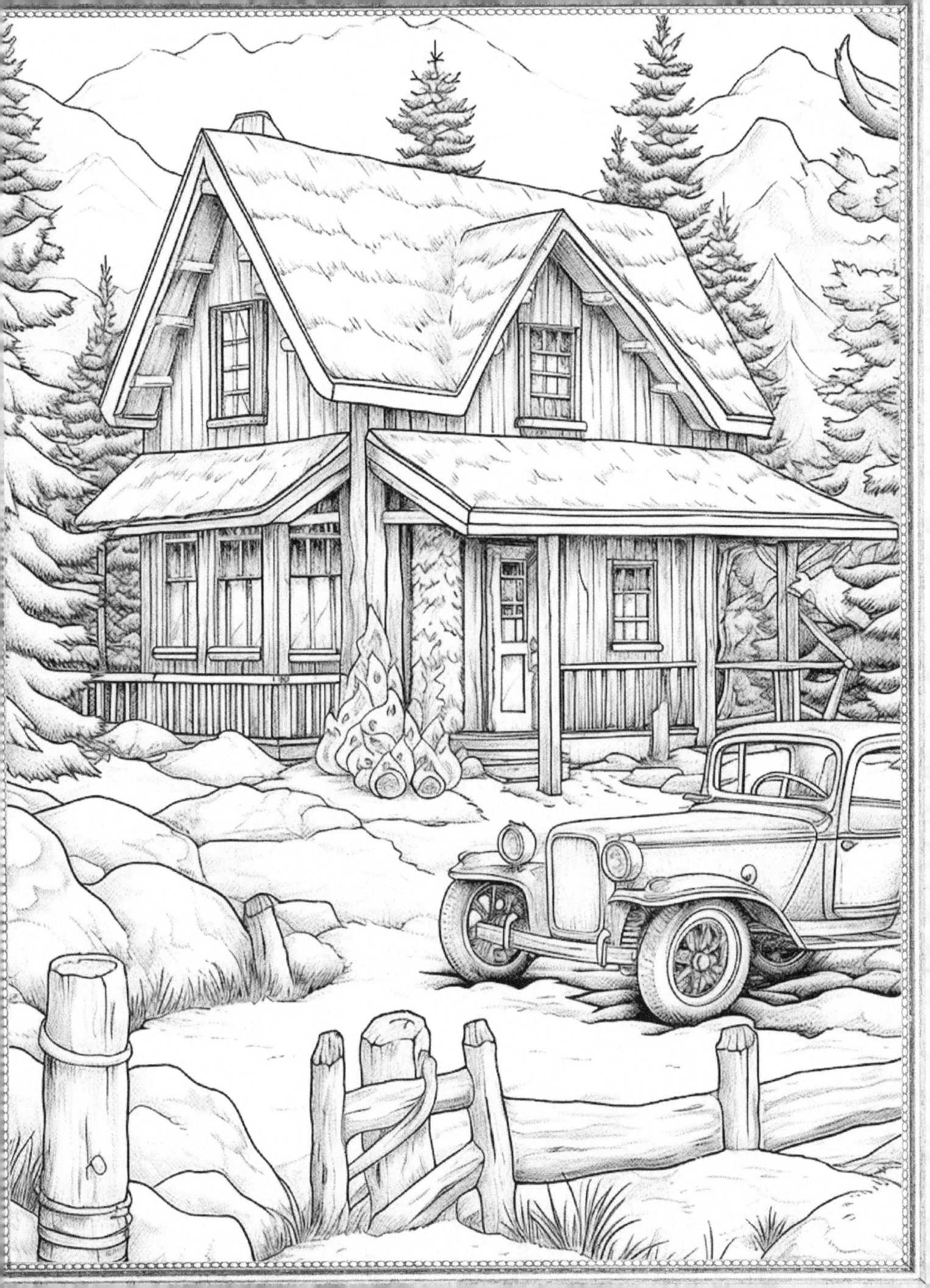

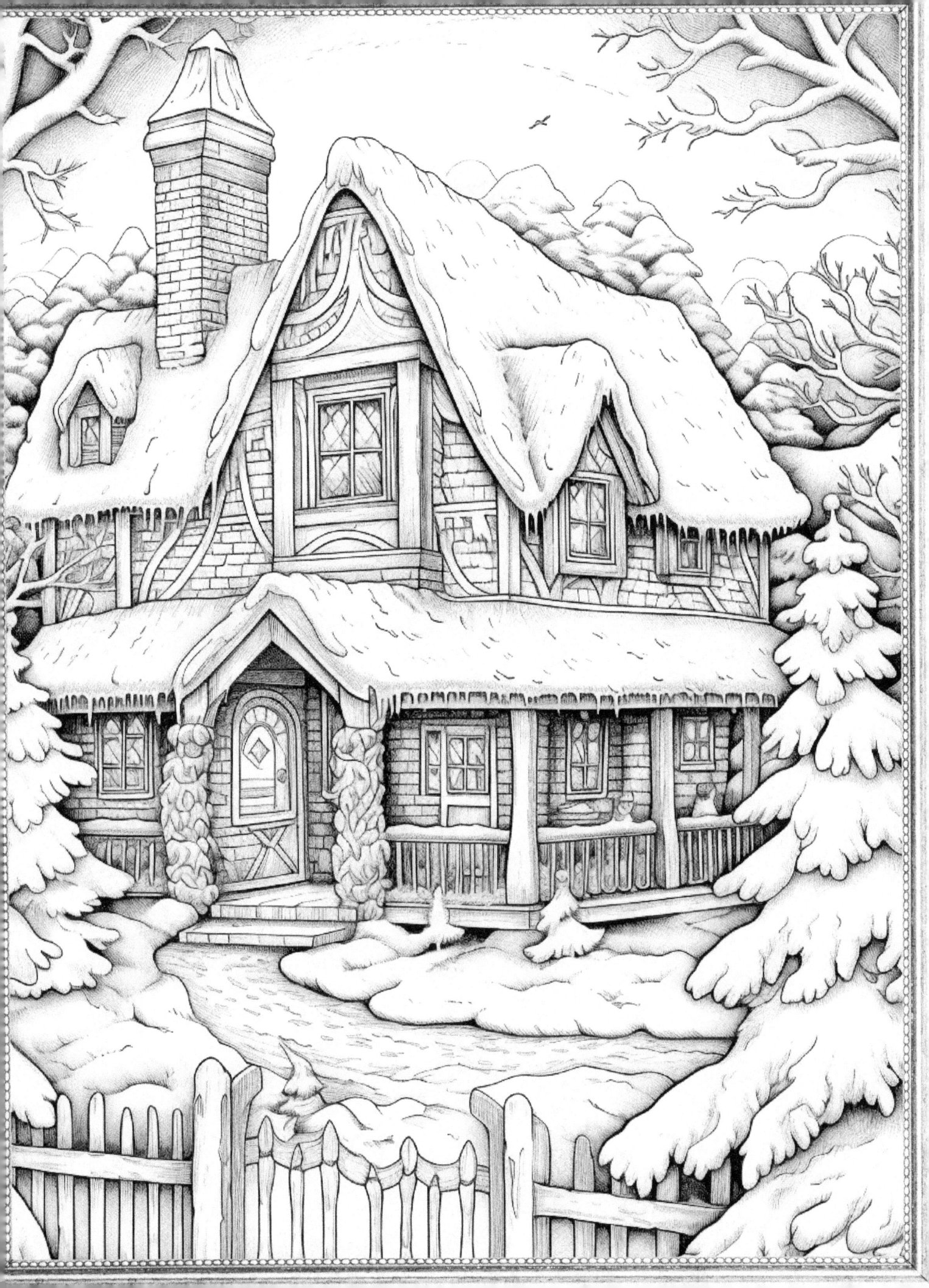

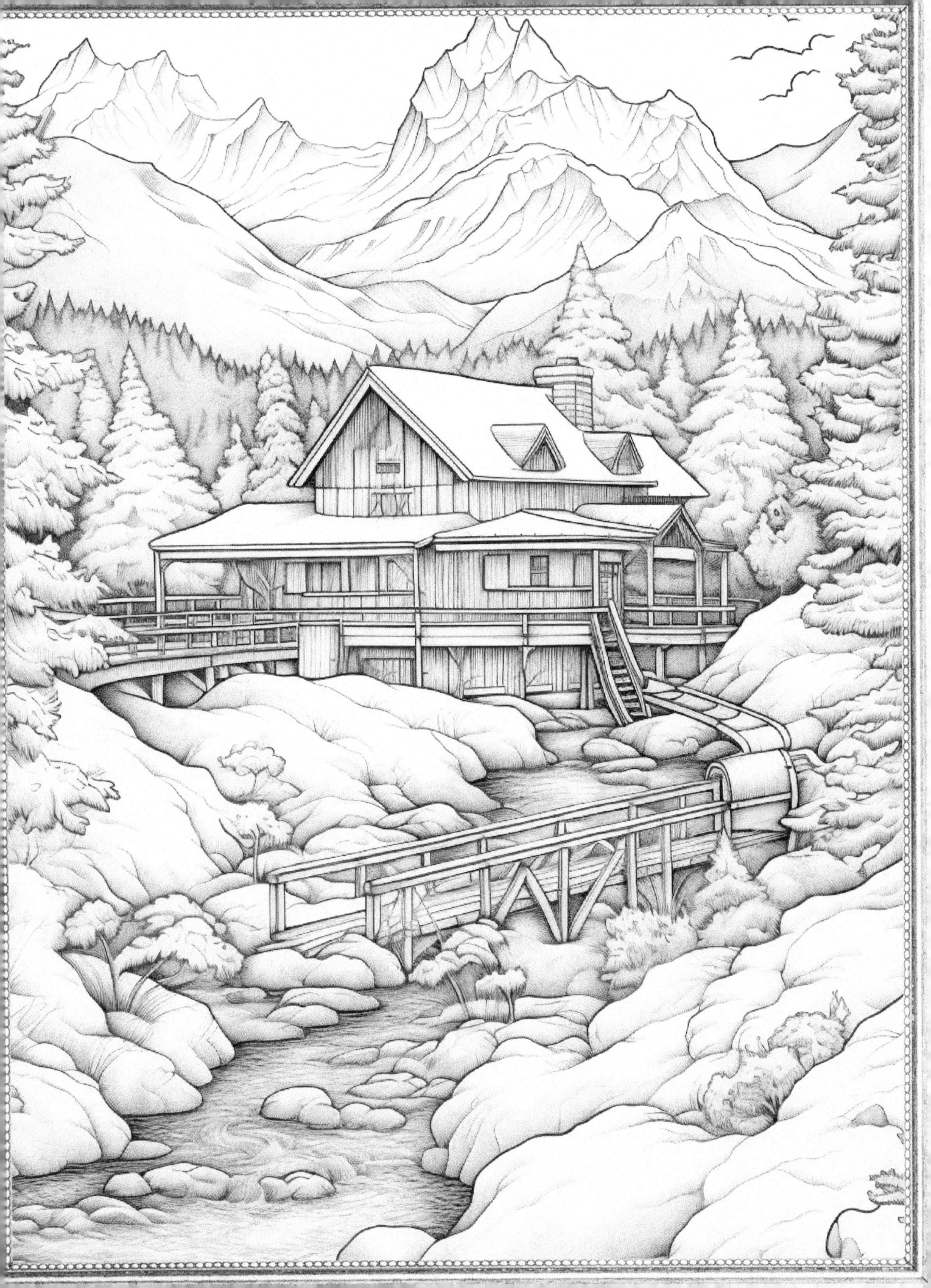

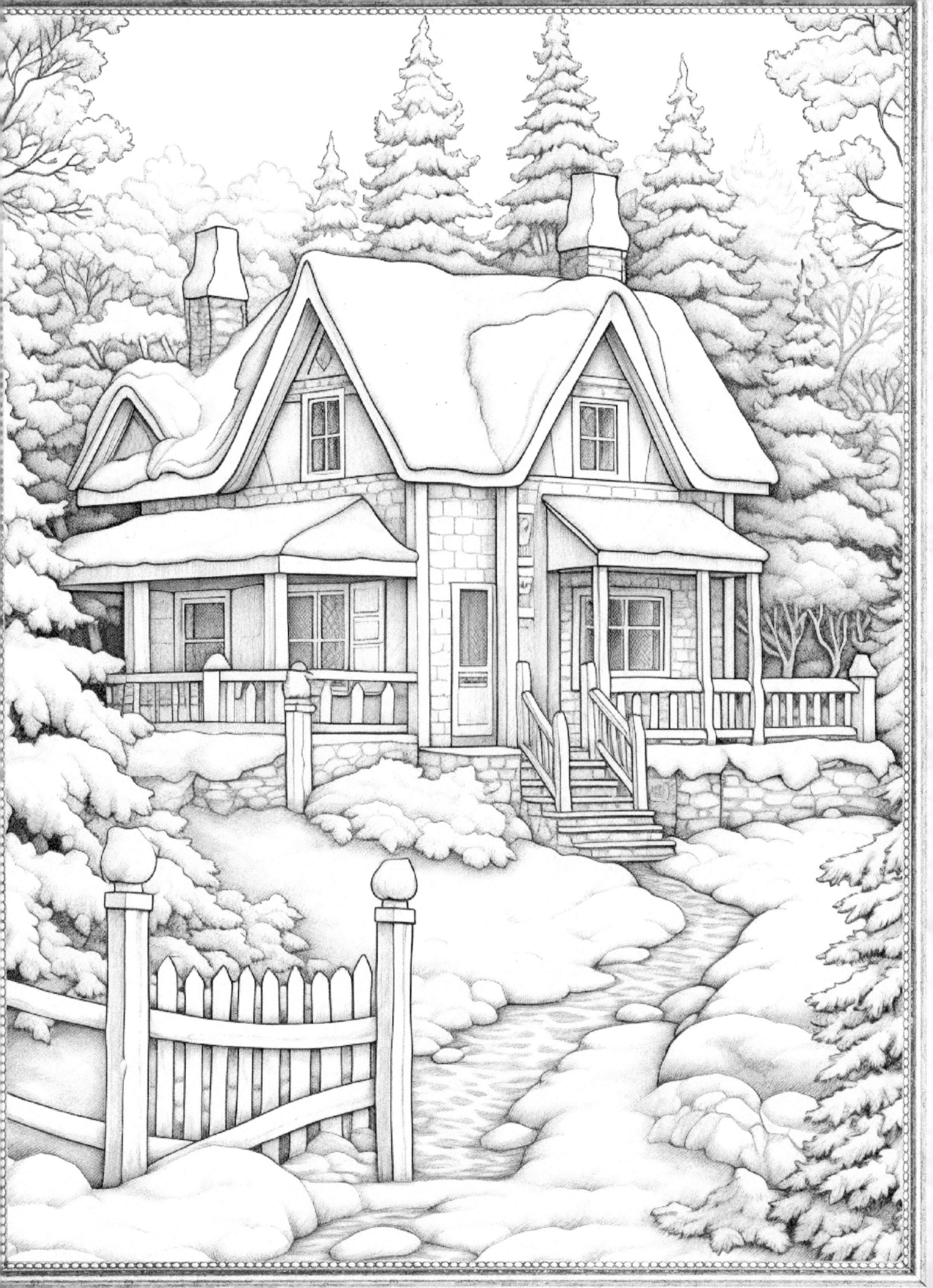

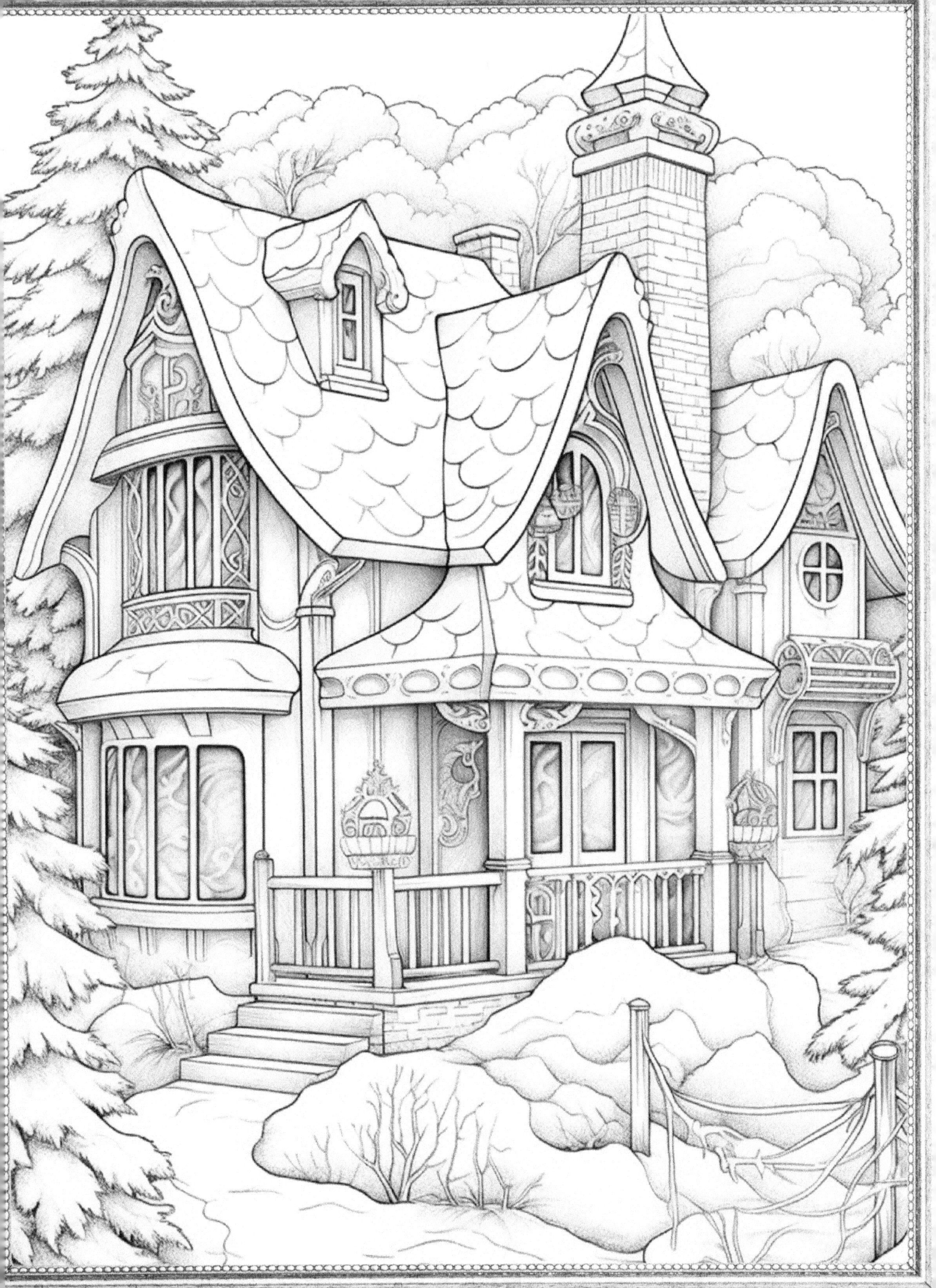

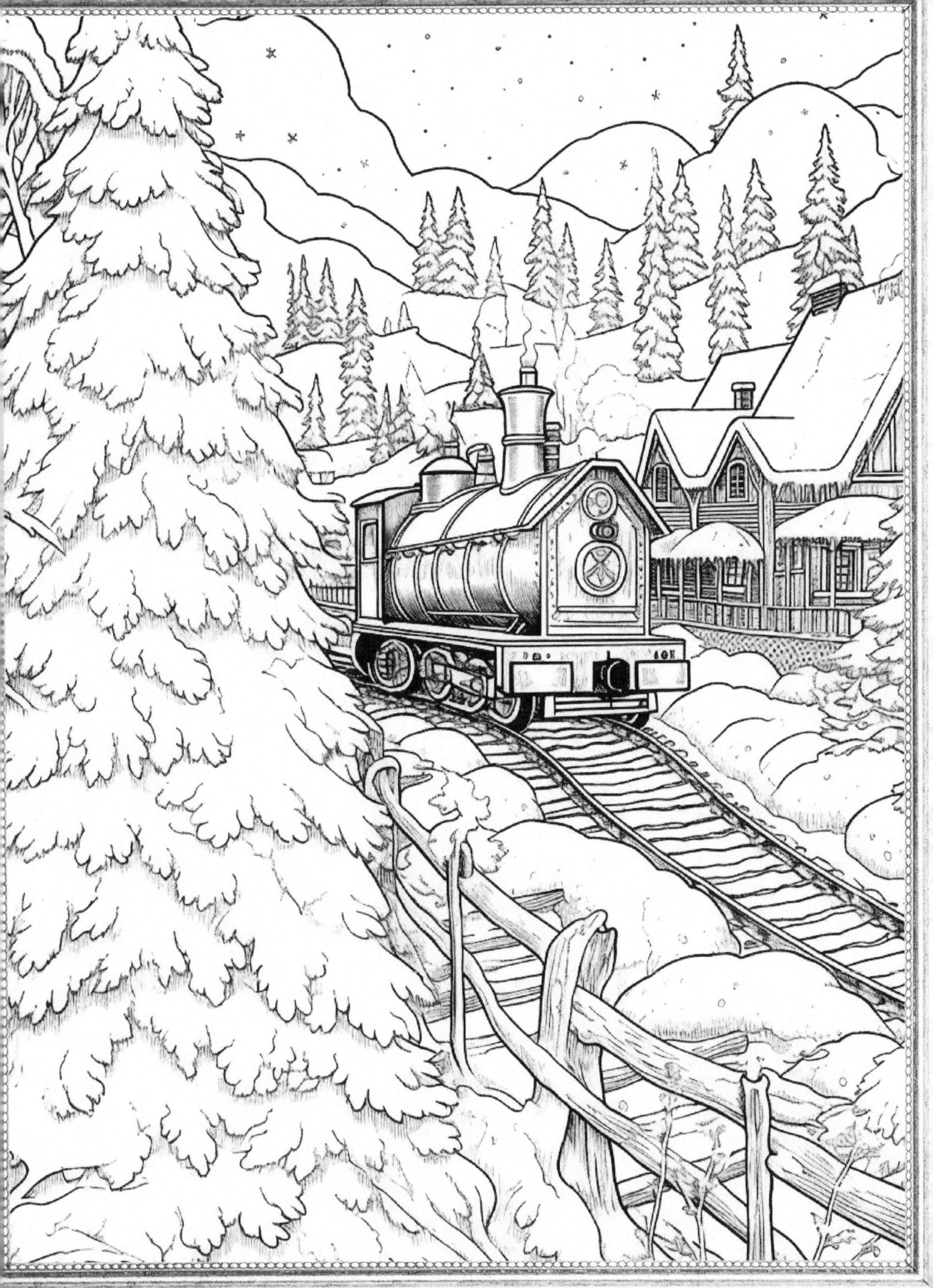

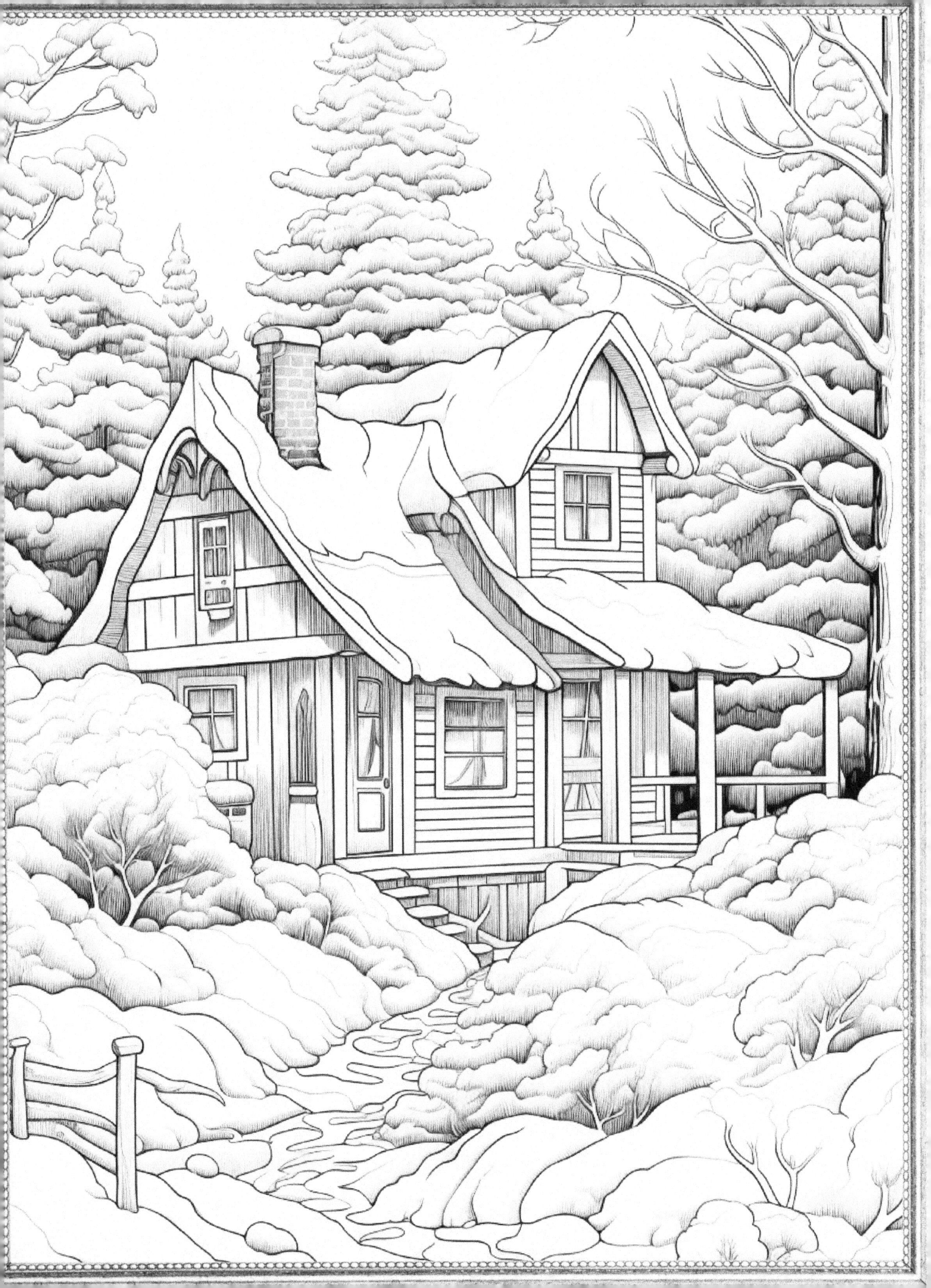

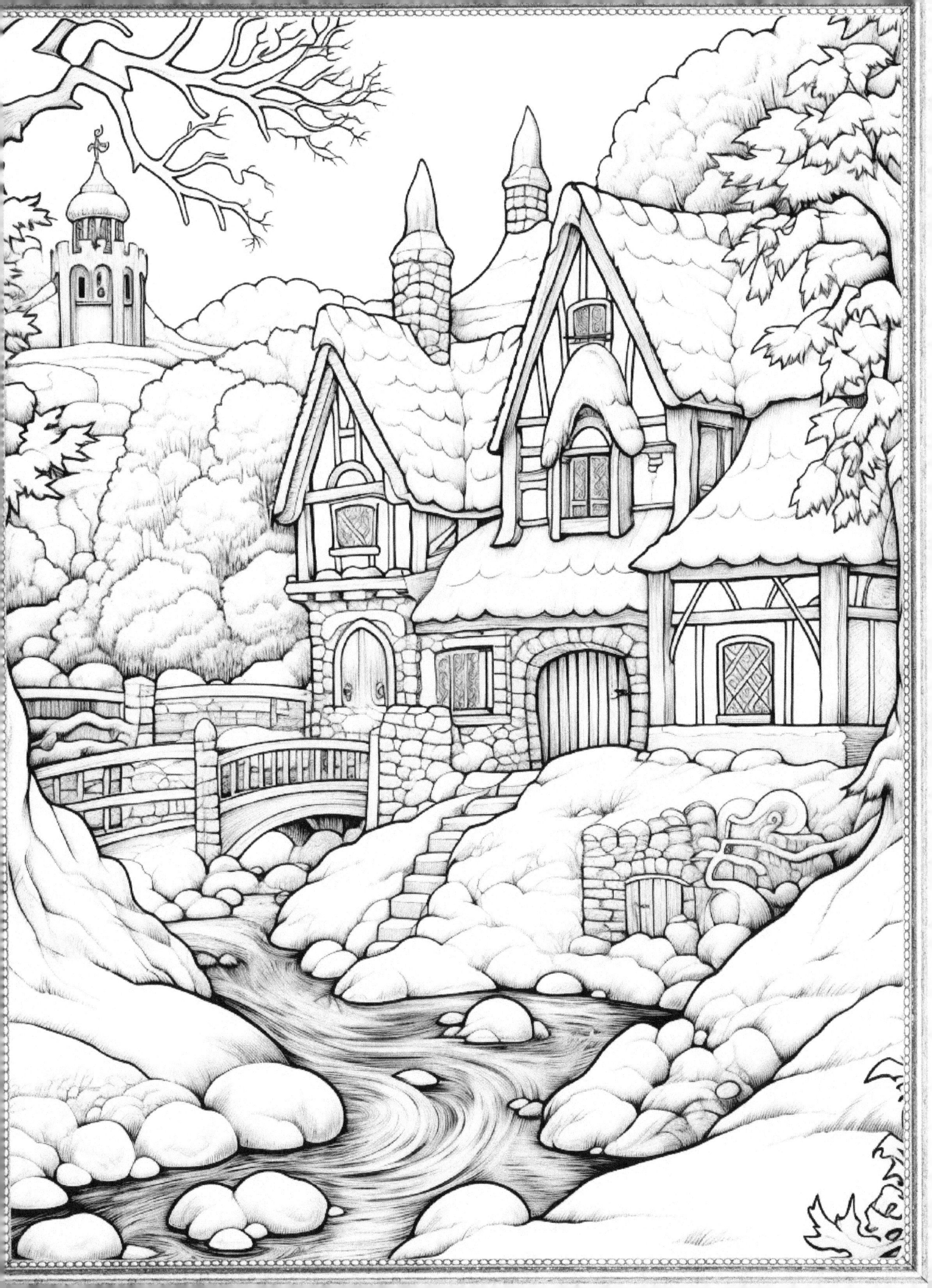

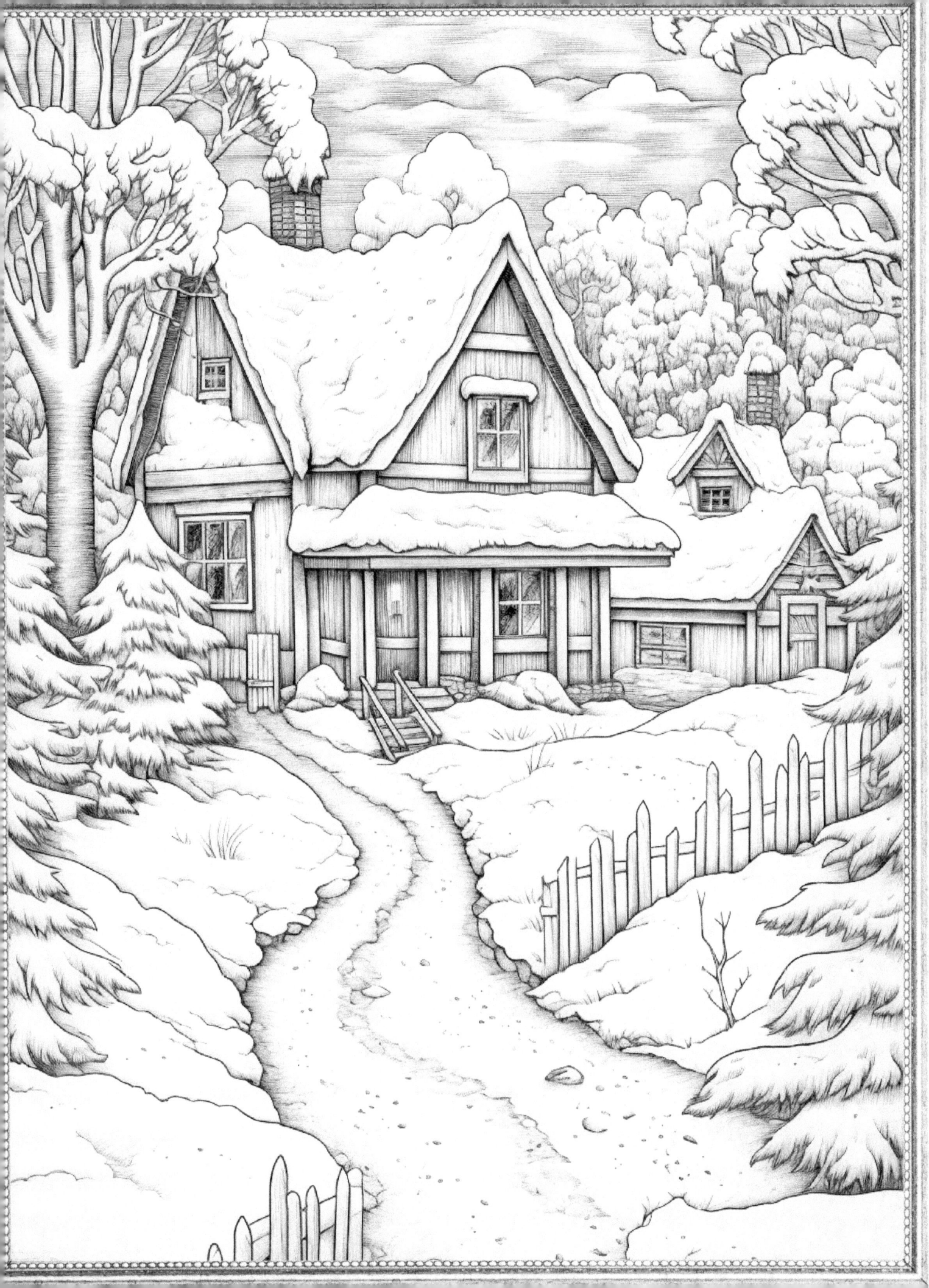

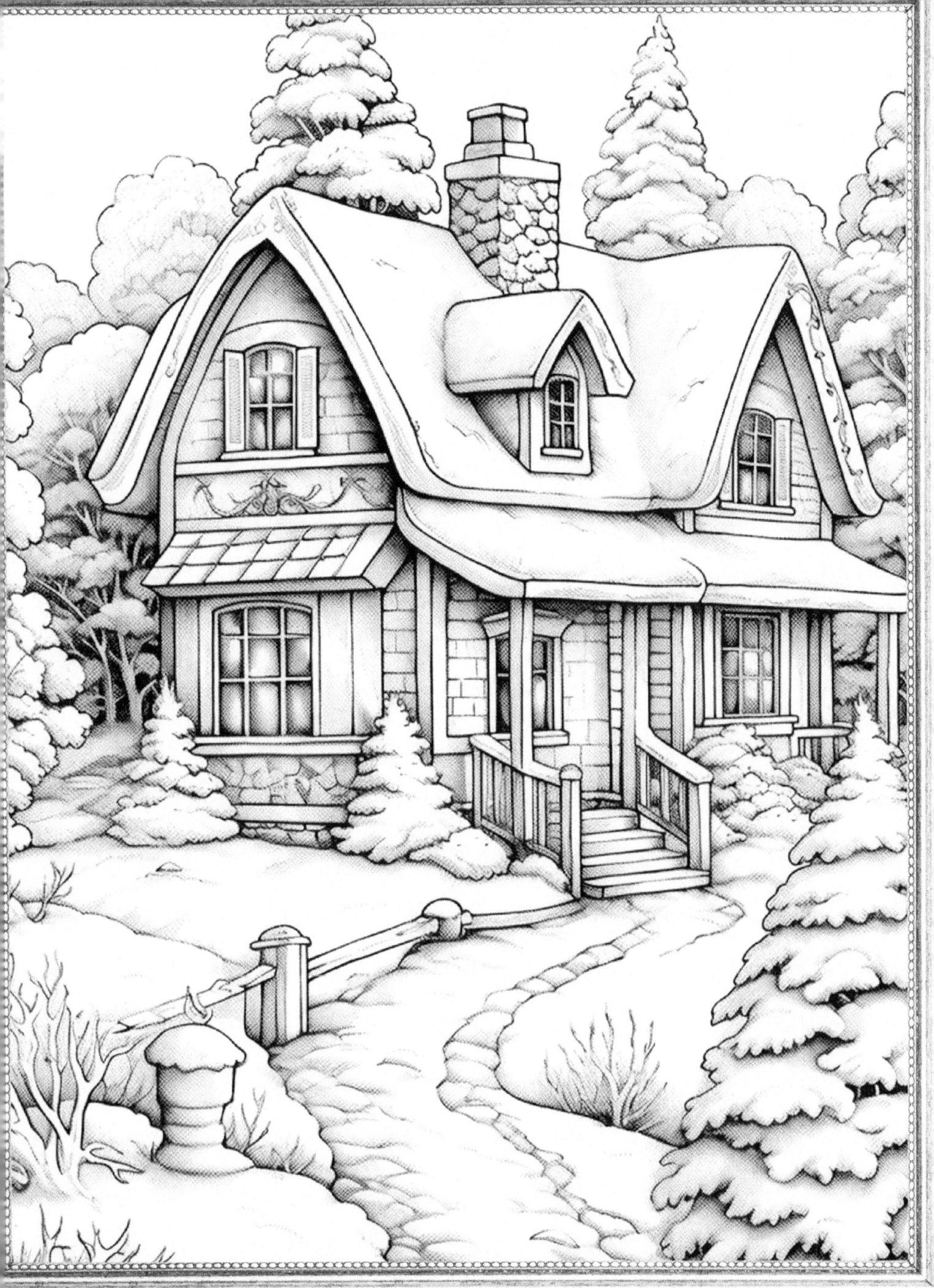

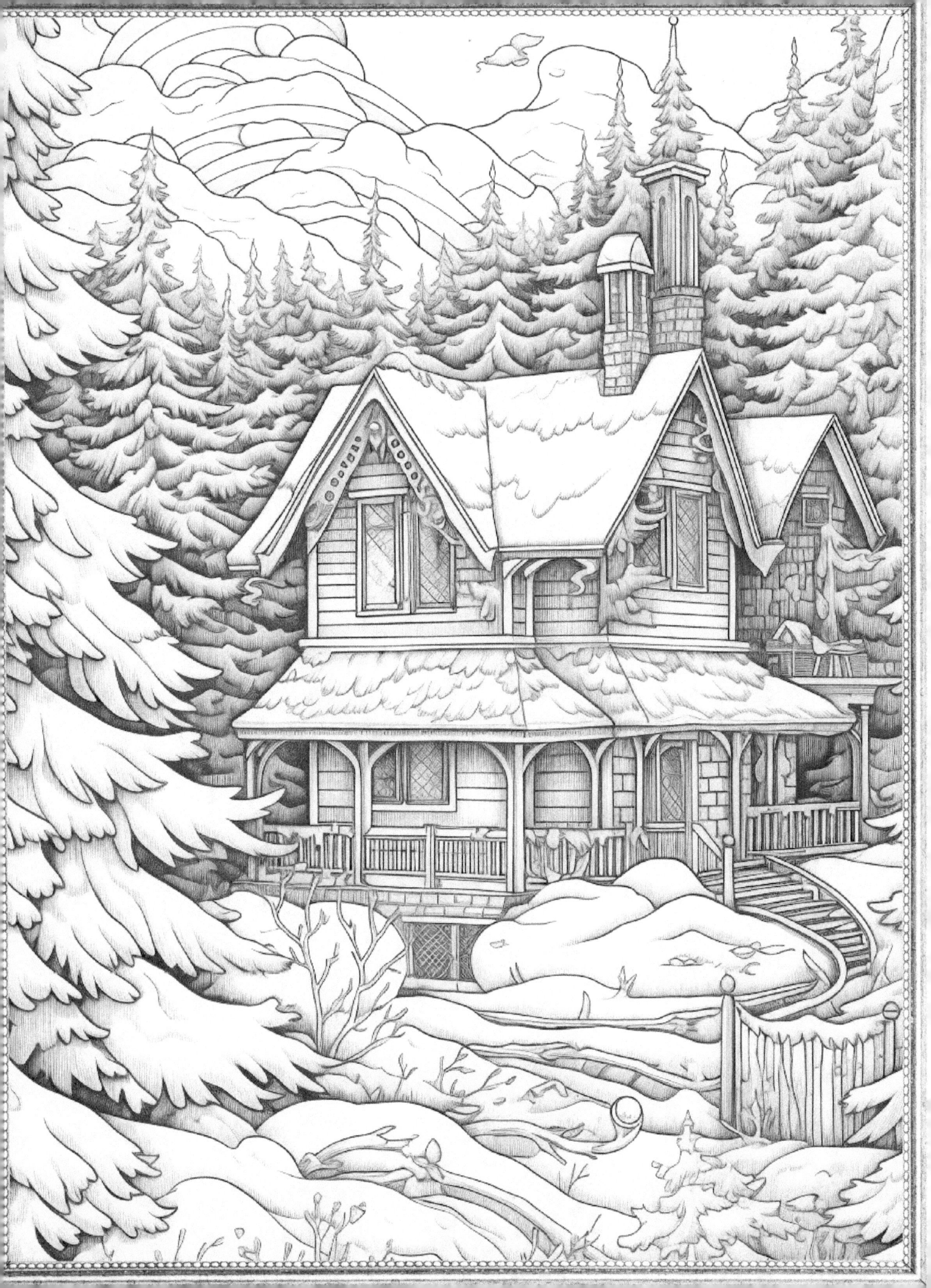

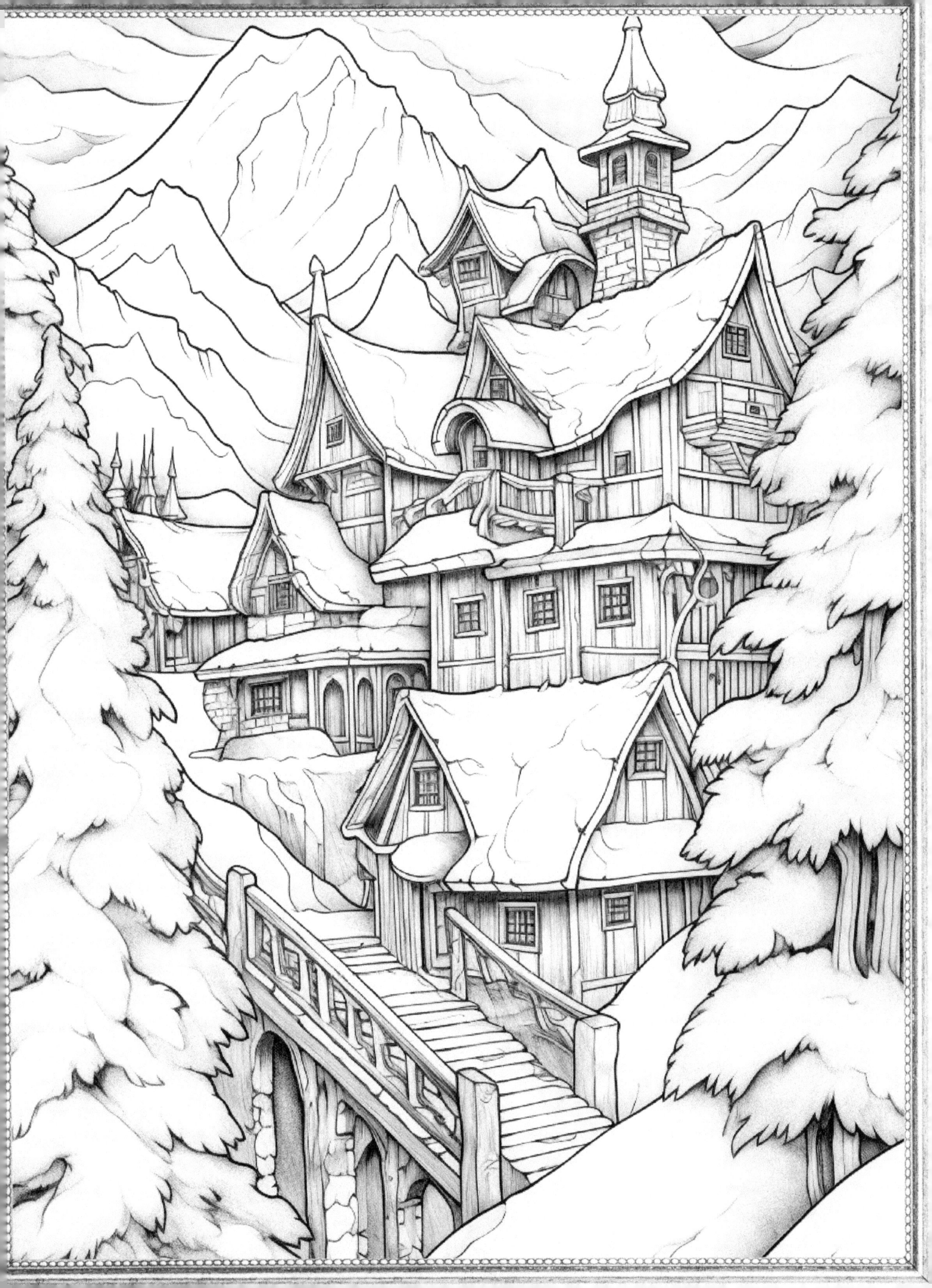

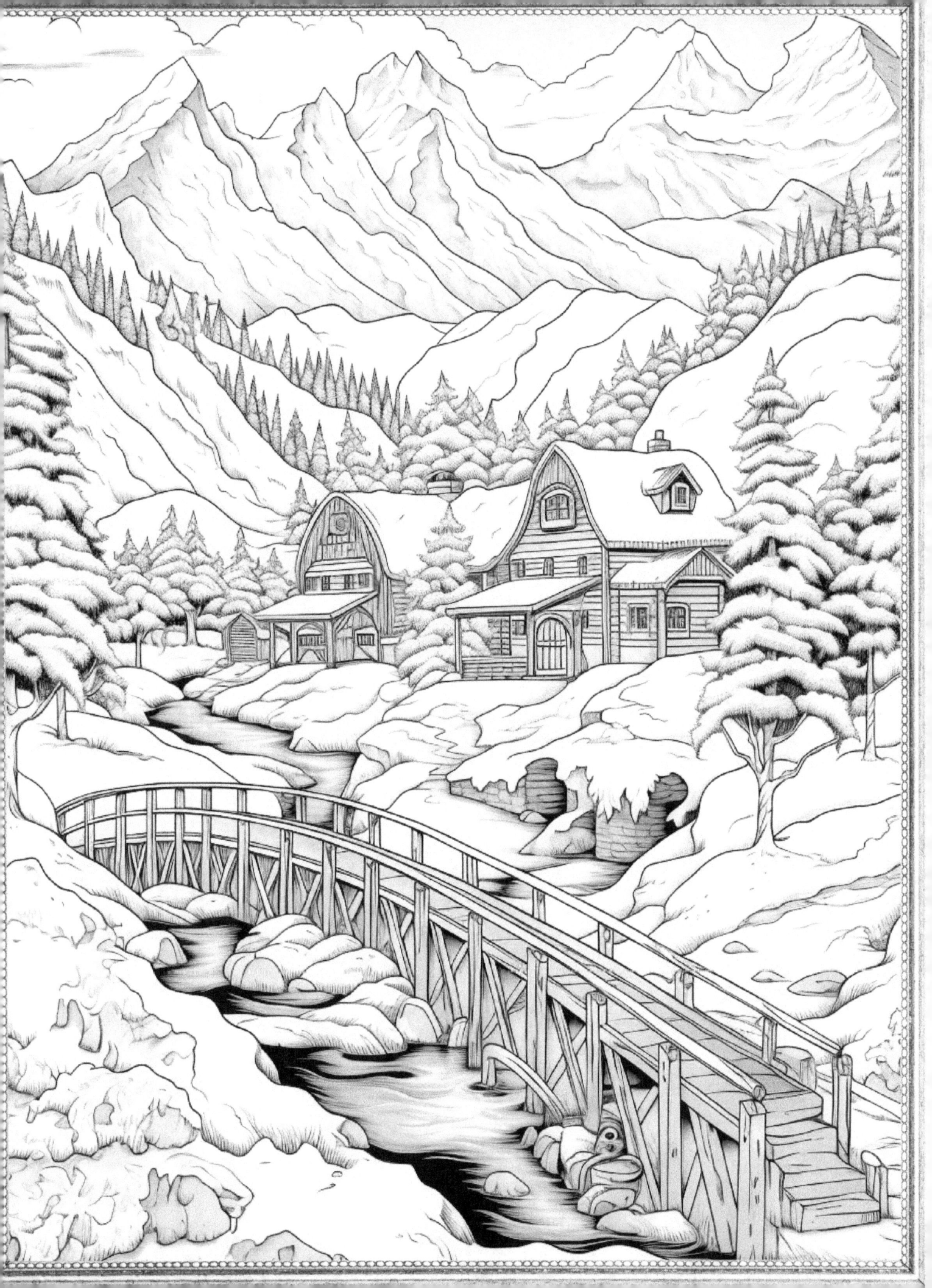

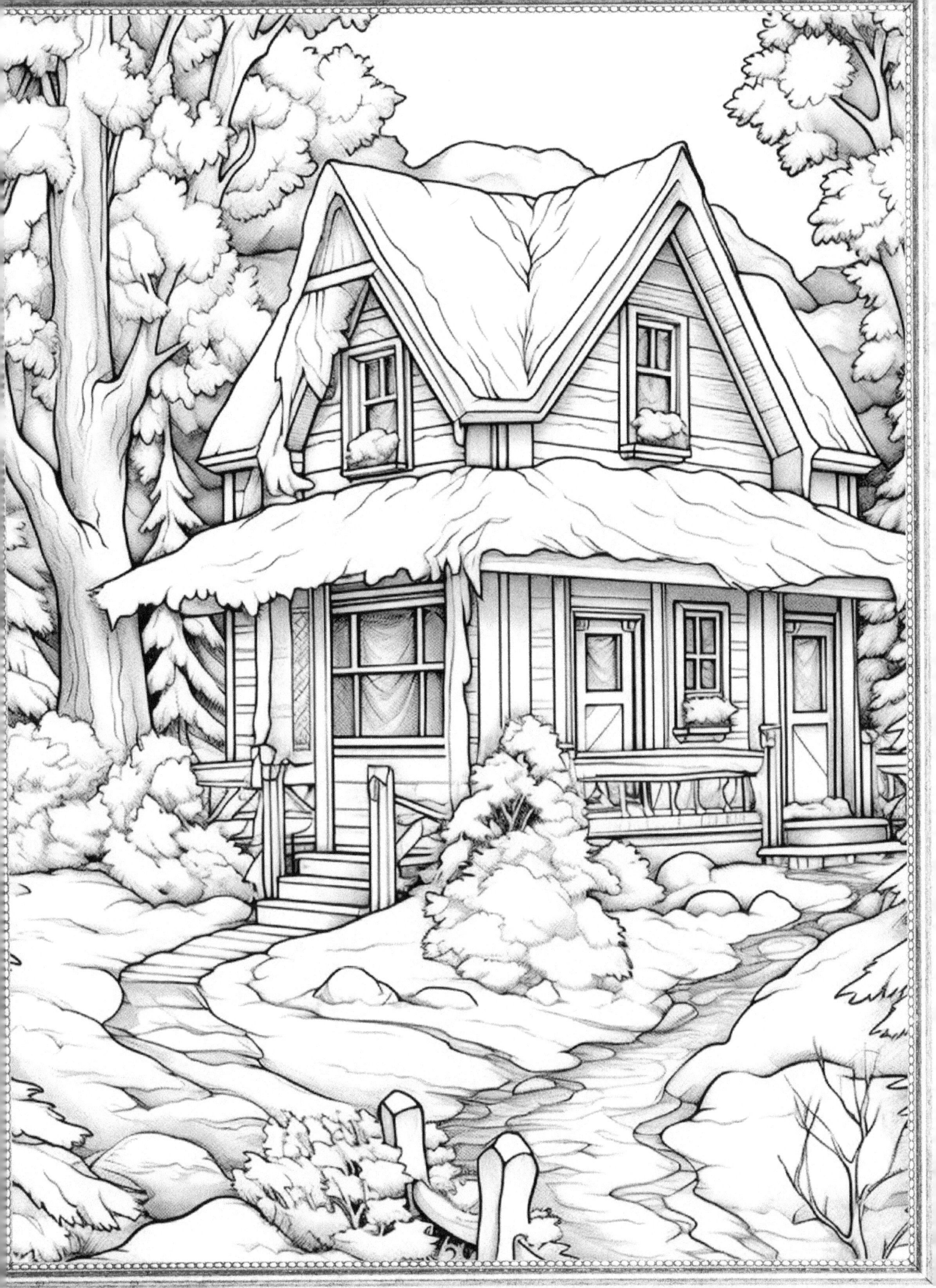

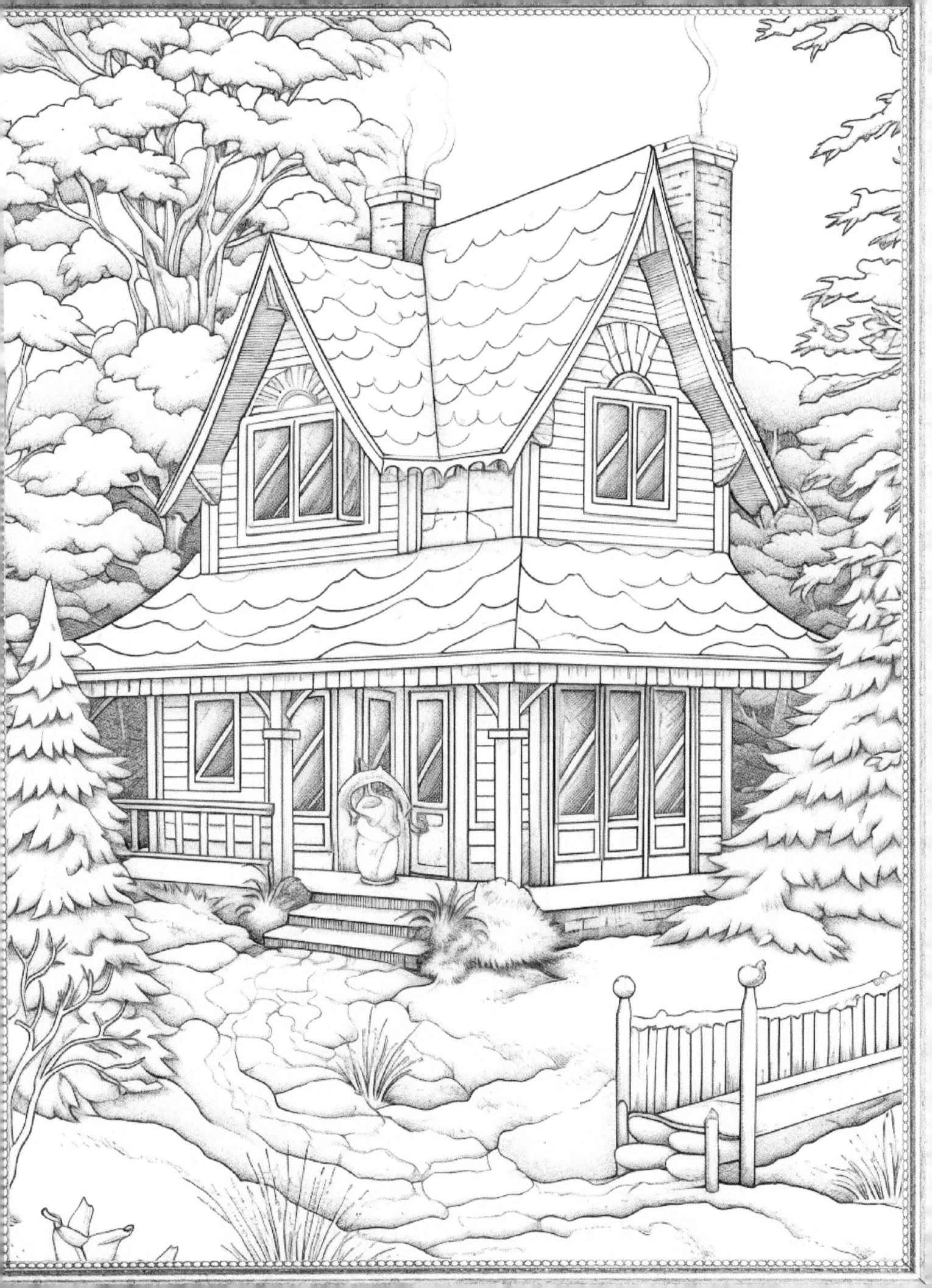

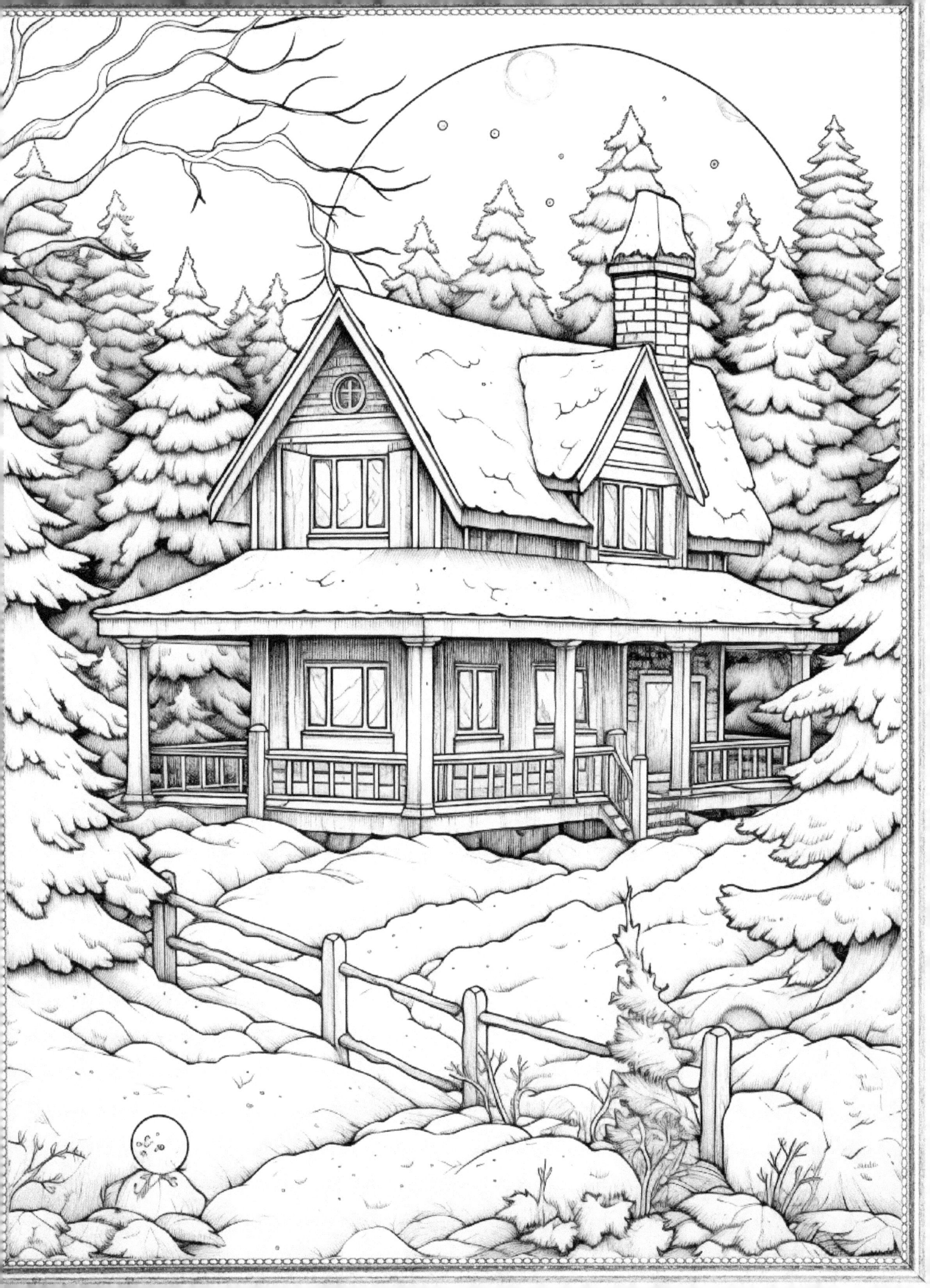

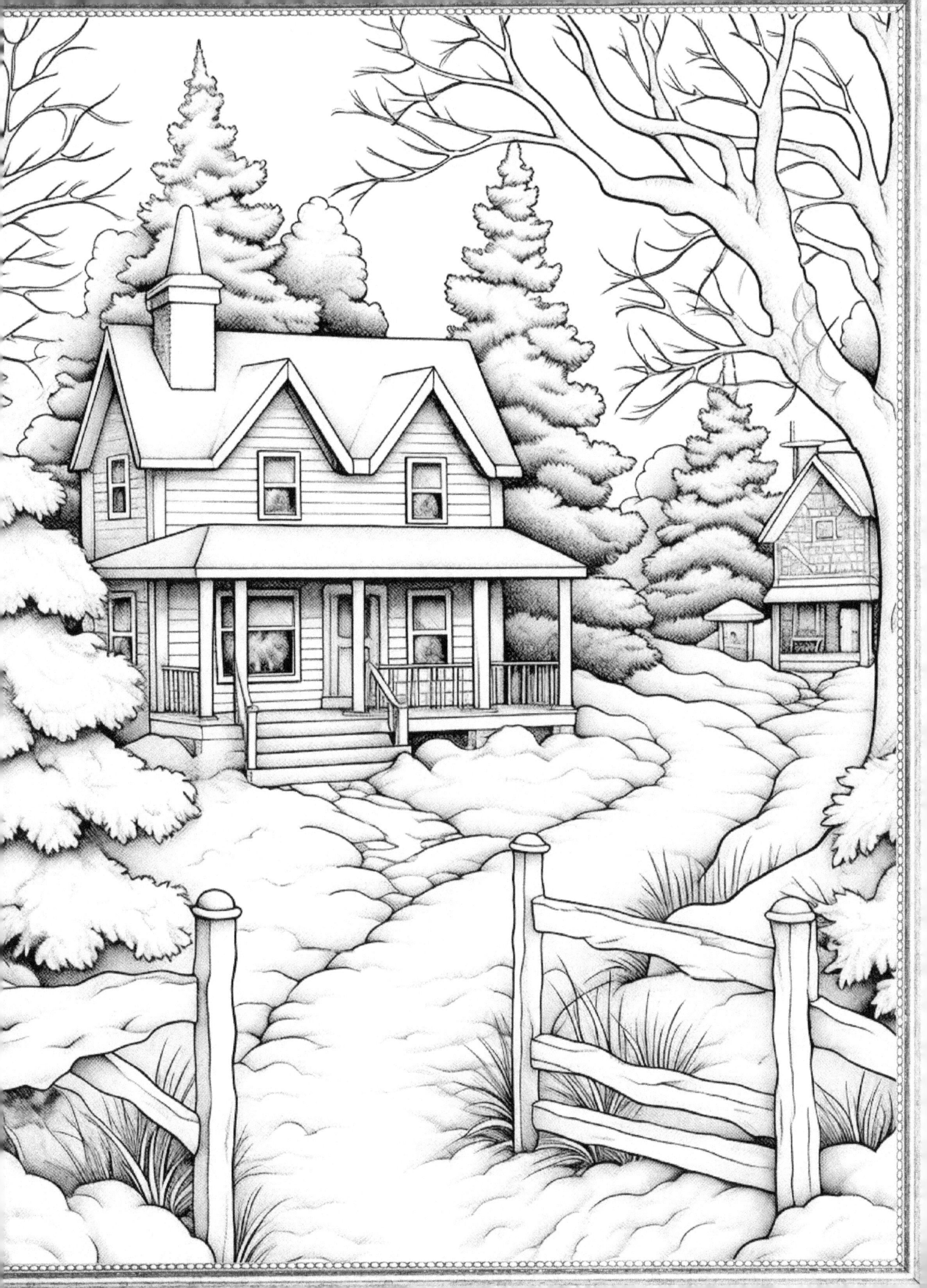

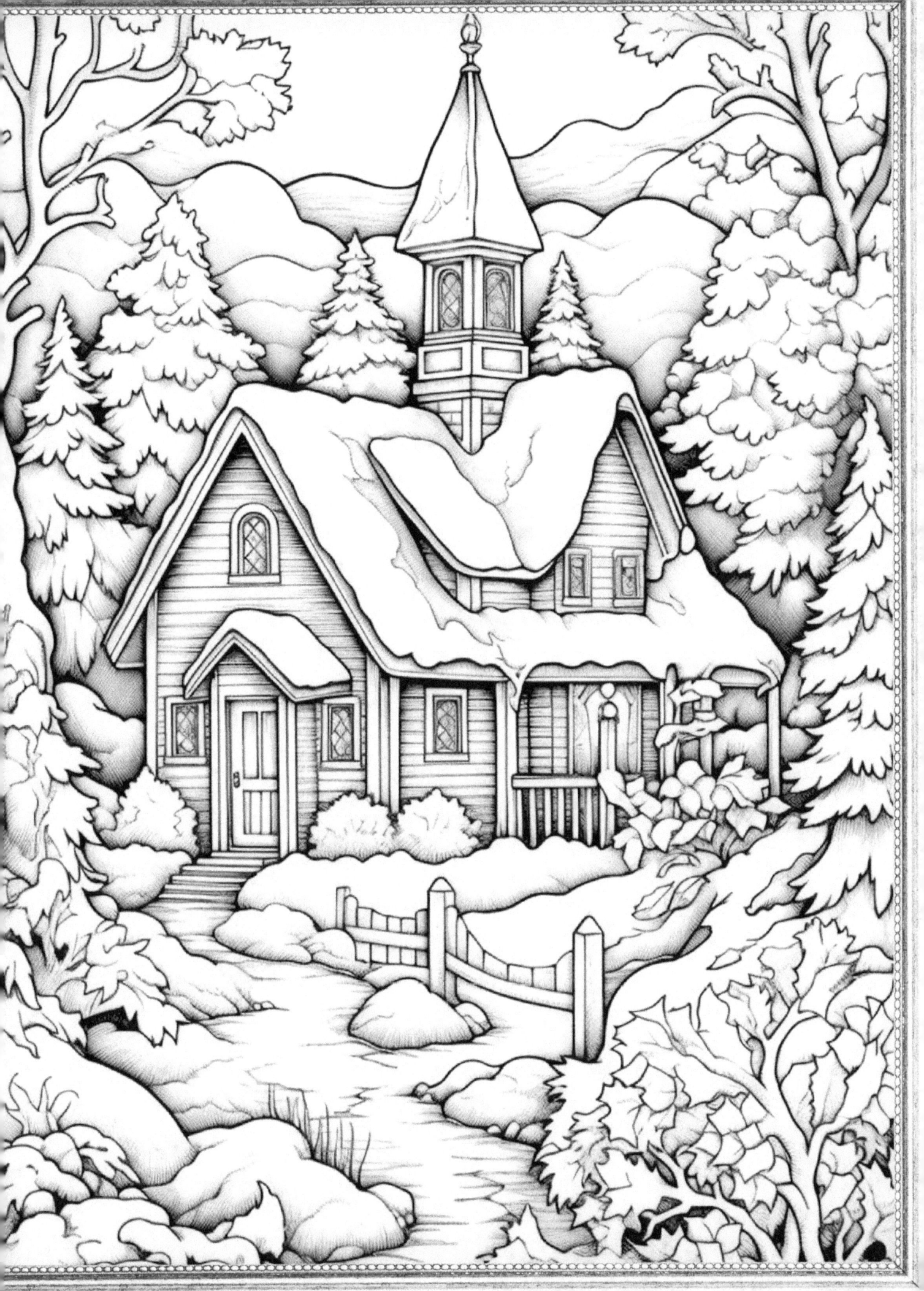

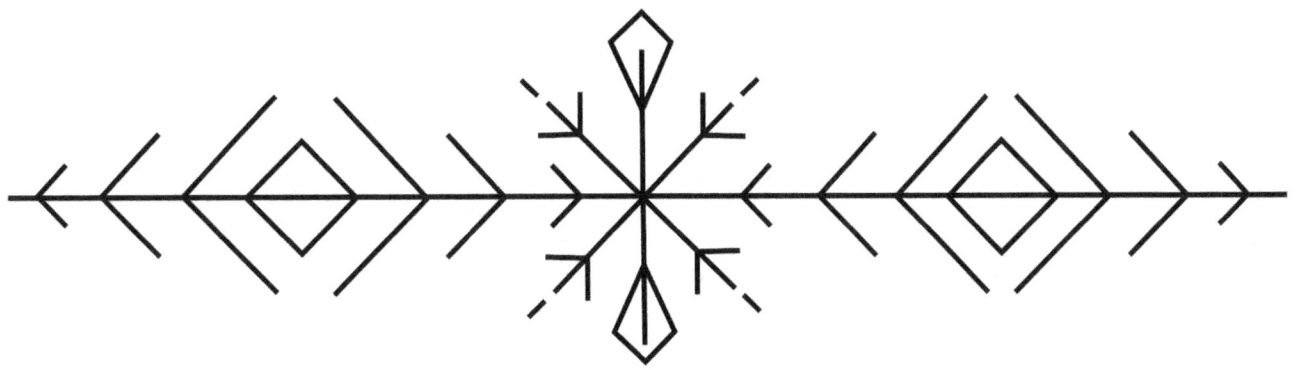

Esperamos que hayas disfrutado de este viaje mágico.

Si te ha gustado nuestro libro de colorear, te agradeceríamos mucho si pudieras dejarnos una valoración positiva en Amazon.

Tu opinión es importante para nosotros y nos ayuda a seguir creando contenido que te encante.

No olvides visitar nuestra página de autor en Amazon para descubrir más libros de colorear, cuentos, libretas y mucho más.

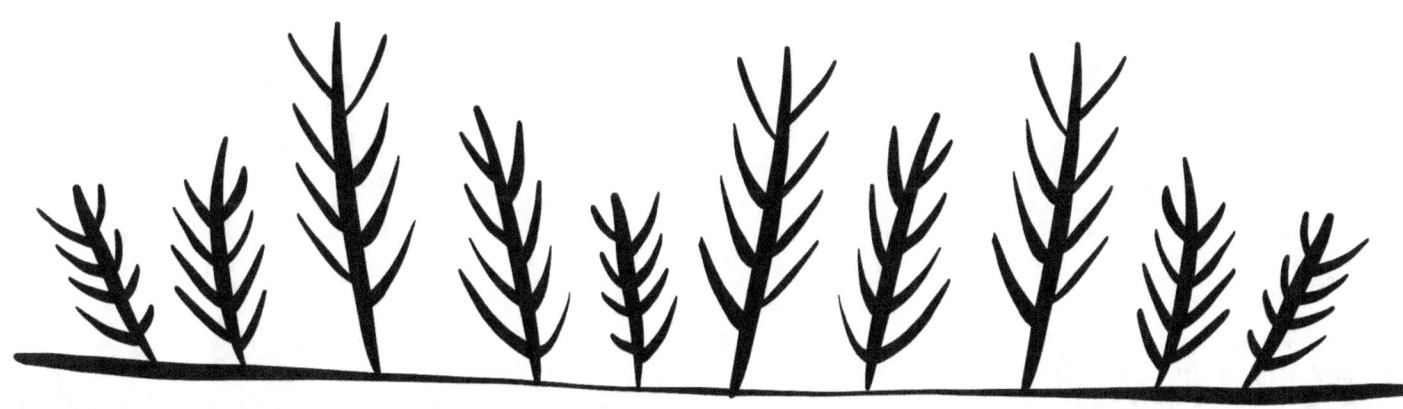